개정판

세례문답집

총회교육자원부 편

머리말

총회교육자원부에서는 세례교육의 중요성을 다시금 절감하고 변화하는 현장의 요청에 따라 세례문답집을 전면 개정하여 발행하게 되었습니다. 최근 본 교단은 예배 예식 및 교리, 그리고 신급에 있어 변화와 발전을 이루었습니다. (개정) 『예배·예식서』의 발간과 더불어 21세기 교리문답이 공포되어 교리를 더욱 확고히 할 수 있었으며, 무엇보다 아동세례의 시행으로 인하여 어릴 때부터 하나님의 자녀로서 마땅히 받아야 할 신앙교육을 체계적으로 진행할 수 있게 되었습니다.

아동세례 시행으로 교인 구분이 원입교인, 유아세례교인, 아동세례교인, 세례교인(입교인)으로 나뉘면서 세례교인(입교인)의 연령이 13세 이상으로 변경되었습니다. 그리하여 입교에 대한 문답이 연령에 맞게 개정되어야 할 필요성이 대두되었고, 더불어 21세기 교리문답이 제정되면서 이에 근거한 세례문답 개정이 요청되었습니다.

이에 총회교육자원부에서는 세례교육서 발간위원회를 조직하고 세례문답집 개정 작업에 착수하게 되었습니다. 이번 세례문답집에서는 먼저 세례의 목적과 의미를 설명하였으며, 세례교인 구분에 따라 유아세례 부모문답, 아동세례문답, 입교문답, 세례문답으로 문항의 예를 다루었기에 교회에서 문답을 진행할 때 유용하게 사용할 수 있을 것입니다. 무엇보다 처음으로 세례문답집에 발달장애인문답을 수록하여 장애인에게 세례를 베푸는 데 큰 도움이 될 것입니다.

세례는 신앙을 고백하며 교회공동체 안으로 입문하는, 생애에 단 일회적인 중요한 사건입니다. 그러므로 교회교육의 현장에서는 체계적으로 세례교육을 진행하여 세례를 통해 하나님의 자녀로 거듭나는 신앙성장의 기회가 되도록 힘써야겠습니다.

개정 세례문답집이 나오기까지 수고와 헌신을 아끼지 않은 분들이 계십니다. 세례교육서 발간위원회 위원장 조용선 목사, 서기 최원준 목사와 전문위원으로 수고해 주신 분들께 감사드립니다. 특별히 수차례 모여 문장을 직접 읽으시며 하나하나 수정해 주신 조용선 목사, 양금희 교수, 서원모 교수, 장신근 교수, 김선권 교수께 진심으로 감사드립니다. 아울러 한국장로교출판사 사장 박창원 장로, 문답집의 소중함을 알고 꼼꼼히 살펴봐 준 출판사 오원택 차장과 김효진 대리, 박신애 목사, 남충우 대리, 성구 정리를 도와준 최현진 목사, 그리고 총회교육자원부 실장 서가영 목사에게도 감사의 마음을 전합니다.

대한예수교장로회총회 교육훈련처

총무 김명옥

차례

서문

개정된 세례·입교와 교육에 대하여

본 교단 헌법 제14조 "교인의 구분"이 "원입교인", "유아세례교인", "아동세례교인", "세례교인(입교인)"으로 개정되면서 이에 상응하는 세례·입교교육이 필요하게 되었습니다(도표 참고).

원입교인은 "예수를 믿기로 결심하고 공동예배에 참석하는 자"이며 예비 세례교육 후보자의 성격을 띠고 있습니다. 교회 공동체는 이들이 세례교육에 참여하여 신앙의 기초에 대하여 배우고 세례를 받을 수 있도록 권면하고 신앙적 돌봄을 계속해야 합니다.

유아세례교인은 "세례교인(입교인)의 자녀(6세 이하)로서 유아세례를 받은 자"로, 이들은 부모와 교회 공동체의 믿음의 언약 안에서 세례를 받게 되며, 교회는 특히 이들 부모가 세례받는 자녀들을 신앙 안에서 잘 양육하도록 돕는 교육을 시행해야 합니다.

새롭게 제정된 **아동세례교인**은 "7-12세 이하로서 세례를 받은 자"로, 교회는 아동기에 세례를 받는 이들이 자신의 의지로 신앙고백을 하며 신앙의 기초를 제대로 형성할 수 있도록 연령에 적합한 세례교육을 실시해야 합니다.

세례교인(입교인)은 "유아세례교인으로서 입교한(13세 이상) 자 또는 원입교인(13세 이상)으로서 세례를 받은 자"입니다. 특히 청소년기에 시행되는 세례·입교교육의 경우, 교회는 이들이 확고한 신앙적 정체성 위에서 주체적으로 교회와 자신의 신앙을 이해하고 고백할 수 있도록, 또한 교회의 정식회원(18세 이상)으로서 역할을 충실히 감당할 수 있도록 교육해야 합니다.

교회는 유아세례, 아동세례, 청소년 입교 및 세례와 더불어, 원입교인으로서 세례받는 19세 이상의 성인들을 위한 세례교육 과정을 구비하여 신앙의 기본 내용을 체계적으로 교육해야 합니다. 성인 세례교육도 세례 후의 후속교육과 잘 연계되도록 노력해야 합니다.

이상의 변화를 고려할 때, 세례·입교교육 시 다음 사항들을 염두에 두어야 합니다. **첫째, 세례와 입교에 대한 올바른 인식과 새로운 세례·입교 체계에 대한 이해입니다.** 목회자와 온 회중은 신앙교육에서 가장 중요한 기독교 입문과정인 세례와 입교에 대한 올바른 성서적, 신학적, 교육적, 예전적 이해를 통하여 그 중요성을 제대로 인식하고 시행해야 할 것입니다. 동시에 새롭게 바뀐 세례·입교 체계도 잘 이해하고, 교회의 전체 교육과정 안에서 조화롭게 통합하여 지속성과 체계성을 유지해 나가도록 해야 합니다.

둘째, 앎과 삶의 차원 사이의 통합입니다. 세례·입교교육은 세례교인 혹은 입교인으로서 복음의 내용을 올바르게 이해하고 이를 교회와 삶의 현장에서 개인적으로, 공동체적으로 실천해 나가도록 하는 데 목적이 있습니다. 따라서 복음의 핵심을 올바르게 이해하고, 이를 일상의 삶에 적용하며, 적용한 내용을 다시 성찰하는 순환적 교육이 되어야 합니다.

셋째, 생애주기와 시대적 변화와 문화를 반영한 창조적인 올라인(all-line) 교육입니다. 세례·입교교육은 단순한 전달식 방법을 넘어서 후보자들의 발달적 특성을 고려하는 가운데 다양한 감각과 방법을 활용하는 창조적 교육이 되어야 합니다. 특히 디지털 미디어를 적극 활용하여 온라인과 오프라인을 연계하는 올라인 교육이 되어야 합니다.

넷째, 신앙공동체가 함께 참여하는 교육입니다. 세례·입교교육은 목회자와 일부 교사들만이 아니라 가정과 교회 공동체 전체에 맡겨진 책임이며 소명입니다. 하나님의 백성을 양육하는 입문 단계인 세례·입교교육은 신앙교육의 일차적이며 핵심 현장인 가정을 비롯하여, 신앙 공동체인 회중 전체가 관심을 가지고 함께 연대적으로 수행해 나가는 공동체적 사역이 될 때 제대로 이루어질 수 있습니다.

다섯째, 발달장애인과 중개인을 고려하는 교육입니다. 교회 공동체는 예배에 출석하고 신앙생활을 하는 발달장애인이, 유아세례자와 마찬가지로, 비록 그가 자신의 이성과 의지로 온전히 신앙고백을 할 수 없다 하더라도 하나님께서 그를 창조하셨고, 성령님을 통하여 그 속에 구원의 역사가 일어나고 있음을 믿어야 합니다. 발달장애인은 중개인(장애인을 돌보는 지인 혹은 가족)의 믿음을 통하여 세례를 받으므로, 교회는 유아세례의 부모교육처럼, 중개인에게 적절한 세례·입교교육을 실시해야 합니다.

<본 교단 세례·입교 체계>

<table>
<tr><th>연령(만)[1]</th><th>세례·입교 구분</th><th>문답집</th><th colspan="3">교회학교 부서
(공과/교재) 구분</th><th>일반학교
구분</th></tr>
<tr><td>0세</td><td rowspan="7">유아세례
(유아세례교인)
*성찬 참여</td><td rowspan="7">유아세례
부모문답</td><td colspan="3" rowspan="3">영아부(36개월까지)</td><td rowspan="4"></td></tr>
<tr><td>1세</td></tr>
<tr><td>2세</td></tr>
<tr><td>3세</td><td colspan="3" rowspan="2">유아부</td></tr>
<tr><td>4세</td><td rowspan="3">유치원</td></tr>
<tr><td>5세</td><td colspan="3" rowspan="2">유치부</td></tr>
<tr><td>6세</td></tr>
<tr><td>7세</td><td rowspan="6">아동세례
(아동세례교인)
*성찬 참여</td><td rowspan="6">아동세례문답</td><td rowspan="2">초등1, 2부</td><td rowspan="3">저학년부</td><td rowspan="6">아동부</td><td>초등학교 1학년</td></tr>
<tr><td>8세</td><td>2학년</td></tr>
<tr><td>9세</td><td rowspan="2">초등3, 4부</td><td>3학년</td></tr>
<tr><td>10세</td><td rowspan="3">고학년부</td><td>4학년</td></tr>
<tr><td>11세</td><td rowspan="2">초등5, 6부</td><td>5학년</td></tr>
<tr><td>12세</td><td>6학년</td></tr>
<tr><td rowspan="7">13세
이상</td><td rowspan="7">입교(입교인)
또는
세례(세례교인)
*성찬 참여</td><td rowspan="7">입교문답
또는
세례문답[2]</td><td colspan="3" rowspan="3">중등부</td><td>중학교 1학년</td></tr>
<tr><td>2학년</td></tr>
<tr><td>3학년</td></tr>
<tr><td colspan="3" rowspan="3">고등부</td><td>고등학교 1학년</td></tr>
<tr><td>2학년</td></tr>
<tr><td>3학년</td></tr>
<tr><td colspan="3">성인부</td><td></td></tr>
</table>

1) 본서에서 언급하는 나이는 모두 만 나이입니다.

2) 청소년기(13-18세) 세례와 입교 시에는 입교문답을, 성인기(19세 이상) 세례와 입교 시에는 세례문답을 참고해서 사용할 수 있습니다.

※ 세례, 성찬에 대한 Q & A

Q 유아세례 받은 어린이에게 무엇으로 분잔하나요?
A 포도즙이나 포도주스 사용을 권장합니다.

Q 세례 나이에 대해 변경된 내용은 무엇인가요?
A 유아세례는 출생~6세, 아동세례는 7~12세, 세례·입교는 13세 이상입니다.

Q 아동세례자의 부모는 반드시 교인이어야 하나요?
A 그렇지 않습니다. 아동 본인의 신앙고백으로 세례를 받습니다.

Q 입교의 대상은 누구인가요?
A 아동세례 받은 청소년(13세 이상)은 입교하지 않고, 유아세례 받은 청소년만 입교합니다.

Q 성찬에 누가 참여할 수 있나요?
A 유아세례, 아동세례, 성인세례자 모두 세례를 받음과 동시에 참여할 수 있습니다.

Q 공동의회 회원권은 세례교인으로서 몇 세부터 주어지나요?
A 18세 이상입니다.

I

세례의 목적과 의미

세례에 대하여

세례는 예수 그리스도께서 제정하셨으며, 성령님을 통해 하나님의 은혜가 우리에게 전해지는 수단과 통로입니다. 세례는 다음과 같은 의미를 지니고 있습니다.

1) 예수 그리스도와 함께 죽고 살아남: 세례를 통해 우리는 예수 그리스도의 삶과 죽음과 부활에 참여합니다. 세례는 우리 옛사람이 그리스도와 함께 십자가에 달리고, 함께 죽고, 함께 묻히며, 그리스도의 부활의 능력에 의하여 새로운 삶으로 다시 일으킴을 받는 것을 나타냅니다. 또한 우리는 세례를 통해 마지막 때에 부활해서 그리스도와 함께 있고 그리스도와 닮게 될 것이라고 확신합니다.

2) 회개, 죄 용서, 깨끗해짐: 세례는 죄의 고백과 마음의 회개를 포함합니다. 세례는 깨끗한 물로 몸을 씻고, 모든 죄와 허물에서 마음을 씻고, 하나님께 의롭다고 인정받았음을 나타냅니다. 세례받은 자는 모든 죄를 용서받고, 몸과 마음이 깨끗해지고 거룩해지며, 성령님의 인도 아래 새로운 삶을 살아가기를 결단합니다.

3) 성령님의 선물: 하나님께서는 모든 세례받은 자에게 성령을 부으시고, 성령으로 인을 치시며, 하나님의 자녀로서 물려받을 기업에 대한 보증으로 성령을 마음에 두셨습니다. 성령님은 우리 마음속에 머물면서 신앙의 삶을 자라게 하시고, 우리를 위해 말로 표현할 수 없는 탄식으로 간구하시며, 다양한 은사를 주시고 삶의 열매를 맺게 하십니다. 우리 안에 계신 성령님의 힘으로 우리는 마지막 때에 다시 살아나 하나님께 영광을 돌릴 것입니다.

4) 그리스도의 몸에 접붙임: 세례에서 우리는 그리스도의 몸에 접붙임을 받아 그

몸의 부분이 되고, 모든 교회와 연합됩니다. 우리는 한 세례를 받아 한 아버지를 섬기고, 한 주님을 고백하고, 한 성령님을 받습니다. 따라서 세례받은 자는 우리가 하나되어 세상이 그리스도를 알게 해달라는 주님의 기도를 기억하고 교회들이 분열을 극복하고 하나의 교회를 이루는 일에 힘쓰도록 부르심을 받습니다.

5) 하나님 나라의 표 : 세례는 성령님을 통해 지금 여기서 하나님 나라의 삶을 시작하게 합니다. 세례받은 자는 성령님과 사귀며, 믿음과 사랑과 소망의 삶을 살아갑니다. 또한 복음을 전파하고 이 세계 안에 정의와 평화를 이루고 창조 세계를 보전함으로써 이 땅에 하나님 나라를 이루려고 노력하며, 모든 민족이 예수 그리스도를 주라고 고백하여 하나님 아버지께 영광을 돌릴 날을 고대합니다.

세례는 하나님의 선물이며, 물을 사용하여 성부와 성자와 성령의 이름으로 베풀어집니다. 세례의 물은 창조와 노아 시대의 홍수와 출애굽의 물을 떠올리게 합니다. 따라서 우리는 세례에서 하나님의 창조 목적과 깨끗하게 하는 능력과 구원의 약속을 기억합니다. 세례는 주님이 명하셨듯이 성부와 성자와 성령의 이름으로 주어집니다. 따라서 세례에서 우리는 삼위일체 하나님을 마음으로 믿고 입으로 고백합니다.

또한 세례는 하나님과 하나님의 백성 상호 간의 언약을 나타냅니다. 세례에서 하나님께서는 예수 그리스도의 십자가와 부활을 통해 우리의 모든 죄를 용서하시고, 성령님 안에서 새로운 삶을 살게 하시며, 죽은 자들 가운데서 다시 살리셔서 영생을 누리게 하겠다고 약속하십니다. 또한 우리는 세례를 통해 만물을 창조하시고 인생을 주관하시는 하나님을 아빠 아버지로 부르고, 예수 그리스도를 주님이라고 고백하며, 성령님 안에서 주님을 닮아 복음을 증언하고 모든 삶의 영역에서 하나님의 뜻을 따라 살아갈 것을 서약합니다. 이렇게 신앙을 고백하고 새로운 삶을 서약하는 세례 언약에는 교회 공동체 안에서 공예배에 참여하고, 서로를 돌보고 세우며 기도하고, 물질과 시간과 재능을 바쳐 목회사역을 지원하고, 성경과 기독교적 삶을 공부하고, 교회 운영에 참여하는 권리와 의무가 포함됩니다. 또한 세례 언약에서 교회 공동체는 세례받은 자를 교회의 일원으로 받아들이며 기도와 돌봄과 지원과 양육을 제공할 것을 서약합니다.

하나님의 언약의 사랑은 나이, 국적, 인종, 성, 장애를 가리지 않고 모든 사람을 포함합니다. 유아세례와 발달장애인세례는 스스로 온전히 신앙을 고백할 수 없는 사람도 하나님의 사랑받는 백성이라는 것을 보여 줍니다. 신앙고백으로 하나님과 언약을 맺은 세례는 이 하나님의 은총의 선물이 감사의 응답을 요청한다는 것을 알려 줍니다.

우리가 하나님과의 언약에 신실하지 못하더라도 하나님께서는 한결같이 언약의 사랑을 베풀어 주십니다. 따라서 세례는 오직 한 번만 받습니다. 하지만 우리는 신앙고백을 할 때, 다른 사람의 세례와 입교에 참여할 때, 성찬을 나눌 때, 임직·취임·위임예식을 할 때, 세례를 기억하는 특별한 예식을 거행함으로 세례의 은혜와 언약을 재확인할 수 있습니다.

유아세례에 대하여

예수님은 "어린 아이들이 내게 오는 것을 용납하고 금하지 말라"(막 10:14) 하셨습니다. 그러므로 어린이도 예수님에게 와서 그분과 교제할 수 있습니다. 예수님과의 교제는 세례의 실질적 의미입니다. 루터와 칼뱅은 유아세례를 예수님과 유아의 교제로 보았습니다.

예수님이 제자들에게 "아버지와 아들과 성령의 이름으로 세례를 베풀라"(마 28:19)고 명하실 때, 그 자격을 성인으로 제한하지 않으셨습니다. 따라서 사도들은 예수님의 명령을 따라 복음 전도를 통해 교회를 세우고 예수님을 주님으로 믿는 자들에게 세례를 베풀었습니다. 사도들은 가족 구성원 모두에게 세례를 주었습니다. 루디아는 "그와 그 집이 다 세례를" 받았습니다(행 16:15). 빌립보 간수도 "그와 온 집안이" 함께 세례를 받았습니다(행 16:34). 회당장 그리스보 역시 "온 집안과 더불어 주를 믿고 세례를" 받았습니다(행 18:8). "그 집" 혹은 "온 집안"은 어린이를 포함한 집 안에 있는 모든 사람을 가리킵니다.

더구나 세례는 구약의 할례와 연속성을 가집니다. "또 그 안에서 너희가 손으로 하지 아니한 할례를 받았으니 곧 육의 몸을 벗는 것이요 그리스도의 할례니라 너희가 세례로 그리스도와 함께 장사되고 또 죽은 자들 가운데서 그를 일으키신 하나님의 역사를 믿음으로 말미암아 그 안에서 함께 일으키심을 받았느니라"(골 2:11-12). 할례가 하나님의 언약 백성으로 세워지는 것을 표시한다면, 세례도 부모의 믿음과 그 믿음 안에서 태어난 자녀가 언약 백성으로 세워짐을 표시합니다. 단지 유아는 믿음의 고백을 스스로 할 수 없기에 부모님의 믿음에 근거하여 세례를 받습니다.

교회가 유아세례를 준 기록은 2세기 말부터 전해집니다. 3세기 중반에 이르면서 유아세례는 교회의 일반적인 관습이 되었으며 종교개혁자들도 유아세례를 지지했습니다.

유아세례는 세 가지 영적 의미를 지닙니다. 첫째, 유아세례는 기독교 성례로서 하나님 사랑의 표시입니다. 유아세례는 유아가 신앙을 고백하기 전에도 하나님께 사랑받는 자녀임을 인정하는 표시입니다. 유아인 자녀는 세례를 받음으로써 하나님의 은혜 안에 머물게 됩니다.

둘째, 유아세례는 죽으시고 다시 사신 예수 그리스도와의 관계를 형성합니다. 물에 들어가 죽고, 물에서 나오며 사는 죽음과 생명의 상징인 이 세례는 그리스도와 함께 죽고 사는 것을 뜻합니다. 유아세례는 유아가 그리스도와 연합되어 있음을 보여 줍니다. 이는 그리스도 안에서의 새로운 탄생을 의미하며 자녀의 앞날이 믿음으로 세워졌음을 말합니다.

셋째, 유아세례는 그리스도인 가족에 포함되었음을 뜻합니다. 자녀가 믿음의 가정 안에서 신앙 지도를 받게 되면서 자녀는 부모와 동일한 믿음을 따르게 됩니다. 이뿐 아니라 유아세례는 교회로부터 영적인 지도와 도움을 받게 되었음을 뜻합니다. 자녀를 유아세례에 참여하게 하는 부모의 결정은 자녀를 주의 교훈과 훈계로 양육하는 부모의 영적 책임과 그 자녀에 대한 교회의 영적 책임이 함께 있음을 인정하는 것입니다. 그러므로 교회는 부모의 영적 책임을 살피고 더 나아가 부모와 협력하여 유아세례교인의 신앙 성장을 위한 양육의 역할을 다해야 합니다.

교회는 부모 중 한 사람 이상(고전 7:14)이 세례교인이면 6세 이하의 자녀에게 유아세례를 베풀 수 있습니다. 부모는 자녀가 유아세례를 받기 전에 유아세례에 관한 전반적 교육에 참여해야 합니다. 또한 부모는 유아세례 때, 교회와 성도들 앞에서 부모의 신앙에 관련한 문항, 유아세례에 관련한 문항, 그리고 자녀 양육과 관련한 문항에 대해 문답하고 선서해야 합니다. 자녀가 유아세례 교인이 되면 부모와 함께 성찬에 참여할 수 있습니다. 유아세례교인은 13세부터 입교를 통해서 부모님의 믿음으로 받은 세례를 자신의 믿음으로 확정할 수 있습니다.

아동세례에 대하여

"아동세례"는 2021년 106회 교단 총회에서 처음으로 신설된 세례입니다. 아동세례는 7~12세의 학령기 아동들을 대상으로 실시할 수 있습니다. 아동세례는 유아세례와 달리 그들의 "자유의지와 신앙고백"을 기반으로 실시됩니다. 즉, 아동은 부모의 의지가 아니라 스스로의 자유의지로 세례받기를 선택할 수 있고, 또한 교회는 이들에게 공적 '신앙고백'을 전제로 아동세례를 베풀 수 있습니다. 아동세례 시에 이미 공적으로 신앙고백을 하기 때문에, 아동세례교인들은 입교를 하지 않아도 됩니다. 아동세례교인들은 18세가 되면 입교 없이 교회의 공동의회에 자동으로 속하게 되어, 교회의 의사결정에 참여할 수 있습니다. 이런 면에서 '아동세례교인'들은 입교를 해야 하는 '유아세례교인'들과 구별됩니다.

또한 본 교단에서는 아동의 수준에 맞춘 "아동세례문답"을 제정하여 이 문답을 통과한 아동들이 아동세례를 받도록 하였습니다. 아동세례는 성인을 위한 세례문답이 아닌 "아동세례문답"의 관문을 통과하고 받는 세례이기에 성인세례와도 구별됩니다. 그런 의미에서 본 교단이 아동세례를 받는 사람들에게 부여하는 "아동세례교인"이라는 지위는 유아세례교인뿐 아니라 성인세례교인으로부터도 구별되는 특별한 지위라고 할 수 있습니다.

아동세례교인들에게 입교가 없다는 것은 아동세례가 세례교육을 받을 수 있는 유일한 기회라는 사실을 의미합니다. 이 말은 아동세례가 단순히 하나의 예식으로 그치는 것이 아니라, 아동세례교인들이 세례교인으로서 그리고 하나님 나라 백성으로서의 자격을 갖추도록 하는 신앙 교육의 관문이 되어야 한다는 것을 의미합니다. 교회는 아동들에게 그들이 고백해야 할 신앙의 내용을 정확히 가르칠 뿐만 아니라, 그것을 내면화하여 자신의 것으로 고백할 수 있도록 도와야 합니다. 즉, 그들이 삼위일체 하나님에 대한 바른 이해 및 그분과의 인격적 관계를 형성할 수 있도록 교육적으로 도와야 하며, 또한 그들이 아동세례와 더불어서 '하나님 나라 백성'으로서의 정체성을 획득하고, 세상에서 하나님 나라 백성으로 살아가도록 결단하기를 격려해야 합니다.

신앙교육의 출발점은 가정과 부모이지만, "세례교육"의 출발점은 "교회"입니다. 세례는 교회의 '예식'이고, 세례교육은 교회가 한 사람을 교회의 일원으로서 인정하고 받아들일 수 있는 자격을 갖추도록 하는 '교육'입니다. 이것은 교회의 의무이고 특권입니다. 신설된 아동세례가 한국교회에 바르게 정착하느냐의 여부는 교회가 아동세례교육을 얼마나 철저하게 시행하느냐에 달려 있다고 해도 과언이 아닙니다.

총회교육자원부에서는 아동세례문답집, 『나는 하나님의 자녀』(한국장로교출판사, 2021)를 출간하였습니다. 이 책은 아동세례문답을 "나", "하나님", "예수님", "성령님", "교회", "하나님 나라 백성의 삶"이라는 여섯 주제로 나누어, 아동들이 읽기 쉽고 이해하기 쉽도록 그림을 곁들여서 구성하였습니다. 동시에 이 아동세례문답집과 나란히 활용하여 교회에서 실제적으로 아동세례교육을 실시할 수 있도록 『이야기 아동세례교육』(장로회신학대학교 기독교교육연구원, 2022)이 개발되었습니다. 교회는 이 둘을 병행하여 아동세례를 희망하는 아동들에게 일정 기간 이상의 세례교육을 반드시 실시하고, 그를 바탕으로 세례문답 및 아동세례예식을 실시함으로써, 일생에 한 번뿐인 아동세례가 개인에게 의미 있는 예식이 될 뿐만 아니라, 전 회중이 성숙한 공동체가 되는 계기로 삼아야 할 것입니다.

입교에 대하여

입교는 유아세례를 받은 이들이 13세 이상 되어, 자신의 결단으로 교회 앞에 신앙을 고백하고 믿음의 장성함에 이르는 예식입니다.

초대교회 때는 「교육 - 세례 - 세례 후 의식(신앙의 확증 단계인 견진) - 성찬」이 통합적 의식이었습니다. 그러나 콘스탄틴 시대 이후 교인의 증가로 인해 한 목회자가 여러 교회를 담당해야 했습니다. 세례 후 의식이었던 견진은 감독만이 할 수 있었는데, 감독이 빠른 시일 내에 교회들을 순회하지 못했기 때문에 견진의 나이는 점점 늦어지게 되었습니다. 이러한 상황으로 세례와 견진의 시간차가 생기게 되었고, 세례에서 첫 성찬이 분리되었습니다.

그러나 16세기 종교개혁자들은 로마 가톨릭의 '견진'이라는 성례를 인정하지 않았습니다. 그럼에도 불구하고 종교개혁자들이 confirmation(입교 / 견신)[1]을 계속 시행한 것은 교육적 차원과, 세례 언약의 회상이 중요했기 때문입니다.

1) 로마 가톨릭은 '견진성사'로 표현하고, 한국 개신교의 교단들은 '입교' 혹은 '견신'이라는 용어를 사용하고 있다.

입교교육과 입교식을 준비할 때는 다음의 사항을 기억해야 합니다.

첫째, 입교교육의 중요성입니다. 초대교회 때 신앙공동체로 들어온 사람을 2~3년 동안 교육한 것처럼, 종교개혁 시대 이후에는 2년 동안 입교자를 교육하는 것이 관례였습니다. 종교개혁자들이 입교교육에서 교리문답을 통한 '교육'을 강조한 것처럼, 오늘날 입교에서도 '교육'을 중요시해야 합니다. 장로교 주요 교리를 가르치고, 청소년기의 삶의 문제들을 나누는 교육이 이루어져야 합니다. 본서에 있는 입교 문답과 총회 헌법에 수록된 '21세기 대한예수교장로회 교리문답'과 입교교육 교재(발간 예정)를 활용하여 일정 기간 이상을 교육해야 합니다.

둘째, 세례 언약의 회상입니다. 세례 때 중요한 것은 하나님의 은혜의 언약입니다. 세례는 일회적이지만 인생의 주요 시기마다 하나님의 언약을 회상하는 경험이 필요합니다. 예를 들어 유치원에 입학할 때, 초등학교에 입학할 때, 인생의 주기마다 하나님의 언약을 재확인할 수 있습니다.

특히 중학생이 되는 시기의 입교는 세례 언약의 회상 예식이 될 수 있습니다. 유아세례 받았을 때의 사진, 동영상, 가족과 지인들의 신앙적 권면이 담긴 방명록 등을 잘 보관하고 있다가, 입교 예식 후 축하 자리에서 함께 보면서, 세례 시 베풀어 주신 하나님의 언약을 회상할 수 있습니다.

한편, 우리나라는 환갑, 칠순 등을 지키는 풍속이 있는데, 인생의 주기를 세례, 입교와 연결시킬 수 있습니다. 과거에 함께 입교했던 사람들이 입교했던 교회에 모여서, 입교 40주년, 50주년 기념 예식을 할 수 있습니다. 함께 입교했던 사람들을 만나 신앙의 여정을 돌아보고, 세례 언약을 회상하는 것입니다.

셋째, 기억에 남는 입교식이 되어야 합니다. 총회 『예배·예식서』의 입교 예식을 보면, '호명, 서약, 선포, 회중과 서약, 입교 후 기도'로 되어 있습니다. 자칫 입교자는 자리에서 일어나서 서약하고 앉는 것이 전부가 될 가능성이 있는데, 목회자가 축복기도(안수)를 해 주고, 입교자가 입교를 준비하면서 느낀 소감문을 읽게 할 수 있습니다.

또한 부활절 전야에서 부활절 새벽까지의 공동체 예식에서 세례, 성찬으로 이어지는 방법을 고려할 수 있습니다. 부활절 전날 밤에 모여 예배, 기도회를 하다가, 새벽 동이 트기 전에 세례식 혹은 입교식을 하고, 동이 틀 때 성찬을 실시하는 것입니다. 유아세례, 아동세례, 입교, 성찬을 예수님의 부활과 연결시키는 것입니다.

넷째, 입교인의 권리입니다. 입교인은 교회의 회원으로서 권리와 의무를 수행하되, 공동의회 참여는 18세부터 가능합니다.

Ⅱ

유아세례 부모문답의 예

I. 부모의 신앙 관련 문항

1. 성부 하나님은 세상을 창조하신 분이며, 성자 하나님은 우리를 구원하신 분이고, 성령 하나님은 우리와 함께하시고 도우시는 분임을 믿습니까?

답 네. 믿습니다(창 1 : 1, 히 7 : 25, 롬 8 : 26).

> 창 1:1 태초에 하나님이 천지를 창조하시니라
>
> 히 7:25 그러므로 자기를 힘입어 하나님께 나아가는 자들을 온전히 구원하실 수 있으니 이는 그가 항상 살아 계셔서 그들을 위하여 간구하심이라
>
> 롬 8:26 이와 같이 성령도 우리의 연약함을 도우시나니 우리는 마땅히 기도할 바를 알지 못하나 오직 성령이 말할 수 없는 탄식으로 우리를 위하여 친히 간구하시느니라

2. 우리 죄를 대신해 십자가에서 죽으시고 부활하신 예수 그리스도를 유일한 구주로 고백합니까?

답 네. 고백합니다(롬 4 : 25; 10 : 10).

> 롬 4:25 예수는 우리가 범죄한 것 때문에 내줌이 되고 또한 우리를 의롭다 하시기 위하여 살아나셨느니라
>
> 롬 10:10 사람이 마음으로 믿어 의에 이르고 입으로 시인하여 구원에 이르느니라

3. 여러분은 악한 사탄의 권세와 유혹을 거부합니까?

답 네. 거부합니다(벧전 5 : 8, 마 6 : 13).

벧전 5:8 근신하라 깨어라 너희 대적 마귀가 우는 사자 같이 두루 다니며 삼킬 자를 찾나니

마 6:13 우리를 시험에 들게 하지 마시옵고 다만 악에서 구하시옵소서 (나라와 권세와 영광이 아버지께 영원히 있사옵나이다 아멘)

II. 유아세례 관련 문항

1. 자녀에게 예수 그리스도의 피로 인한 죄 씻음과 구원의 은혜가 반드시 필요하다는 것을 인정합니까?

답 네. 인정합니다(엡 1:7, 행 2:39, 마 19:14).

엡 1:7 우리는 그리스도 안에서 그의 은혜의 풍성함을 따라 그의 피로 말미암아 속량 곧 죄 사함을 받았느니라

행 2:39 이 약속은 너희와 너희 자녀와 모든 먼 데 사람 곧 주 우리 하나님이 얼마든지 부르시는 자들에게 하신 것이라 하고

마 19:14 예수께서 이르시되 어린 아이들을 용납하고 내게 오는 것을 금하지 말라 천국이 이런 사람의 것이니라 하시고

2. 자녀가 세례를 받게 된 것은 하나님께서 먼저 이 아이를 은혜의 언약으로 부르셨기 때문이라고 믿습니까?

답 네. 믿습니다(창 17:7, 시 22:10, 행 3:25).

창 17:7 내가 내 언약을 나와 너 및 네 대대 후손 사이에 세워서 영원한 언약을 삼고 너와 네 후손의 하나님이 되리라

시 22:10 내가 날 때부터 주께 맡긴 바 되었고 모태에서 나올 때부터 주는 나의 하나님이 되셨나이다

행 3:25 너희는 선지자들의 자손이요 또 하나님이 너희 조상과 더불어 세우신 언약의 자손이라 아브라함에게 이르시기를 땅 위의 모든 족속이 너의 씨로 말미암아 복을 받으리라 하셨으니

3. 자녀가 세례를 통해 하나님의 언약 백성이 된다는 것을 믿습니까?

답 네. 믿습니다(창 18:19, 갈 3:27).

창 18:19 내가 그로 그 자식과 권속에게 명하여 여호와의 도를 지켜 의와 공도를 행하게 하려고 그를 택하였나니 이는 나 여호와가 아브라함에게 대하여 말한 일을 이루려 함이니라

갈 3:27 누구든지 그리스도와 합하기 위하여 세례를 받은 자는 그리스도로 옷 입었느니라

Ⅲ. 자녀 양육 관련 문항

1. 자녀는 나의 소유가 아님을 인정하고, 하나님을 대리하여 또한 하나님의 도움에 의지하여, 자녀 스스로 예수를 구주로 믿고 고백할 때까지 신앙으로 양육할 것을 약속합니까?

답 네. 약속합니다(엡 6:4, 딤후 1:5).

엡 6:4 또 아비들아 너희 자녀를 노엽게 하지 말고 오직 주의 교훈과 훈계로 양육하라

딤후 1:5 이는 네 속에 거짓이 없는 믿음이 있음을 생각함이라 이 믿음은 먼저 네 외조모 로이스와 네 어머니 유니게 속에 있더니 네 속에도 있는 줄을 확신하노라

2. 자녀를 위해, 그리고 자녀와 함께 기도하겠습니까?

답 네. 기도하겠습니다(살전 5:16-18, 행 10:2).

살전 5:16-18 항상 기뻐하라 쉬지 말고 기도하라 범사에 감사하라 이것이 그리스도 예수 안에서 너희를 향하신 하나님의 뜻이니라

행 10:2 그가 경건하여 온 집안과 더불어 하나님을 경외하며 백성을 많이 구제하고 하나님께 항상 기도하더니

3. 자녀와 함께 성경을 읽고, 성경으로부터 배우겠습니까?

답 네. 배우겠습니다(딤후 3:14-17).

딤후 3:14-17 그러나 너는 배우고 확신한 일에 거하라 너는 네가 누구에게서 배운 것을 알며 또 어려서부터 성경을 알았나니 성경은 능히 너로 하여금 그리스도 예수 안에 있는 믿음으로 말미암아 구원에 이르는 지혜가 있게 하느니라 모든 성경은 하나님의 감동으로 된 것으

로 교훈과 책망과 바르게 함과 의로 교육하기에 유익하니 이는 하나님의 사람으로 온전하게 하며 모든 선한 일을 행할 능력을 갖추게 하려 함이라

4. 자녀에게 경건한 삶을 통해 본을 보이는 부모가 되도록 애쓰겠습니까?

답 네. 애쓰겠습니다(딤전 4:7, 벧전 5:3, 고전 11:1).

딤전 4:7 망령되고 허탄한 신화를 버리고 경건에 이르도록 네 자신을 연단하라

벧전 5:3 맡은 자들에게 주장하는 자세를 하지 말고 양 무리의 본이 되라

고전 11:1 내가 그리스도를 본받는 자가 된 것 같이 너희는 나를 본받는 자가 되라

IV. 회중에게 질문 문항

1. 하나님 나라 백성인 여러분도 성도 공동체 안에서 이 아이들에 대한 양육의 책임이 있음을 인정하고, 이들을 사랑으로 받아들이고, 기도하고, 돌보고, 격려하기로 약속합니까?

답 네. 약속합니다(신 6:6-9).

신 6:6-9 오늘 내가 네게 명하는 이 말씀을 너는 마음에 새기고 네 자녀에게 부지런히 가르치며 집에 앉았을 때에든지 길을 갈 때에든지 누워 있을 때에든지 일어날 때에든지 이 말씀을 강론할 것이며 너는 또 그것을 네 손목에 매어 기호를 삼으며 네 미간에 붙여 표로 삼고 또 네 집 문설주와 바깥 문에 기록할지니라

*** 3~6살의 유아들에게는 간단한 유아세례 교육을 실시하지만, 세례 시 공적 문답을 실시하지 않는다. 공적 문답은 입교 시에 진행한다.**

III

아동세례문답의 예

I. 나

1. 나는 누가 만드셨나요?

답 하나님(창 1:26-28, 시 139:13)

창 1:27 하나님이 자기 형상 곧 하나님의 형상대로 사람을 창조하시되 남자와 여자를 창조하시고

시 139:13 주께서 내 내장을 지으시며 나의 모태에서 나를 만드셨나이다

2. 나는 누구인가요?

답 하나님의 자녀(롬 9:8, 요일 5:2)

롬 9:8 곧 육신의 자녀가 하나님의 자녀가 아니요 오직 약속의 자녀가 씨로 여기심을 받느니라

요일 5:2 우리가 하나님을 사랑하고 그의 계명들을 지킬 때에 이로써 우리가 하나님의 자녀를 사랑하는 줄을 아느니라

3. 나는 하나님의 자녀라는 것이 무슨 뜻인가요?

답 나는 하나님의 사랑을 받는 사람이란 뜻(엡 5:1)

엡 5:1 그러므로 사랑을 받는 자녀 같이 너희는 하나님을 본받는 자가 되고

4. 하나님이 나에게 원하시는 것은 무엇인가요?

답 하나님을 사랑하고 기쁘시게 하는 것(골 1:10, 살전 2:4)

> 골 1:10 주께 합당하게 행하여 범사에 기쁘시게 하고 모든 선한 일에 열매를 맺게 하시며 하나님을 아는 것에 자라게 하시고
>
> 살전 2:4 오직 하나님께 옳게 여기심을 입어 복음을 위탁 받았으니 우리가 이와 같이 말함은 사람을 기쁘게 하려 함이 아니요 오직 우리 마음을 감찰하시는 하나님을 기쁘시게 하려 함이라

Ⅱ. 하나님

5. 하나님은 어떤 분이신가요?

답 온 세상을 만드신 분(창 1:1)

> 창 1:1 태초에 하나님이 천지를 창조하시니라

6. 하나님은 온 세상을 만드시고 뭐라고 말씀하셨나요?

답 좋다. 참 좋다(창 1:31).

> 창 1:31 하나님이 지으신 그 모든 것을 보시니 보시기에 심히 좋았더라 저녁이 되고 아침이 되니 이는 여섯째 날이니라

7. 하나님은 그가 만든 세상을 어떻게 하시나요?

답 세상을 사랑하시고, 다스리신다(시 96:10, 요 3:16).

> 시 96:10 모든 나라 가운데서 이르기를 여호와께서 다스리시니 세계가 굳게 서고 흔들리지 않으리라 그가 만민을 공평하게 심판하시리라 할지로다
>
> 요 3:16 하나님이 세상을 이처럼 사랑하사 독생자를 주셨으니 이는 그를 믿는 자마다 멸망하지 않고 영생을 얻게 하려 하심이라

8. 하나님은 사람을 어떻게 만드셨나요?

답 하나님 닮은 사람, 하나님 형상대로 만드셨다(창 1:27).

창 1:27　하나님이 자기 형상 곧 하나님의 형상대로 사람을 창조하시되 남자와 여자를 창조하시고

9. 사람이 하나님의 형상대로 만들어졌다는 것은 무슨 뜻일까요?

답 거울처럼 하나님을 비추는 존재라는 뜻(시 8:4-5)

시 8:4-5　사람이 무엇이기에 주께서 그를 생각하시며 인자가 무엇이기에 주께서 그를 돌보시나이까 그를 하나님보다 조금 못하게 하시고 영화와 존귀로 관을 씌우셨나이다

10. 그런데 세상에는 왜 나쁜 일과 아름답지 못한 일들이 일어날까요?

답 사람의 죄 때문에(롬 7:11)

롬 7:11　죄가 기회를 타서 계명으로 말미암아 나를 속이고 그것으로 나를 죽였는지라

11. 죄가 무엇인가요?

답 하나님을 떠나는 것(롬 1:28-32)

롬 1:28　또한 그들이 마음에 하나님 두기를 싫어하매 하나님께서 그들을 그 상실한 마음대로 내버려 두사 합당하지 못한 일을 하게 하셨으니

12. 죄의 결과는 무엇인가요?

답 하나님과 멀어지고, 모든 다른 것들과의 관계가 깨진다(롬 1:18-25).

롬 1:21-23　하나님을 알되 하나님을 영화롭게도 아니하며 감사하지도 아니하고 오히려 그 생각이 허망하여지며 미련한 마음이 어두워졌나니 스스로 지혜 있다 하나 어리석게 되어 썩어지지 아니하는 하나님의 영광을 썩어질 사람과 새와 짐승과 기어다니는 동물 모양의 우상으로 바꾸었느니라

13. 죄에 빠진 사람에게 하나님은 어떻게 하시나요?

답 미워하지 않으시고, 끝까지 사랑하신다(요 3:16; 13:1).

요 3:16　하나님이 세상을 이처럼 사랑하사 독생자를 주셨으니 이는 그를 믿는 자마다 멸망하지 않고 영생을 얻게 하려 하심이라

요 13:1　유월절 전에 예수께서 자기가 세상을 떠나 아버지께로 돌아가실 때가 이른 줄 아시고 세상에 있는 자기 사람들을 사랑하시되 끝까지 사랑하시니라

14. 하나님은 하나님과 멀어진 사람을 어떻게 돌이키시나요?

답 하나님이 우리에게 찾아오신다(롬 5:6, 계 3:20).

롬 5:6 우리가 아직 연약할 때에 기약대로 그리스도께서 경건하지 않은 자를 위하여 죽으셨도다

계 3:20 볼지어다 내가 문 밖에 서서 두드리노니 누구든지 내 음성을 듣고 문을 열면 내가 그에게로 들어가 그와 더불어 먹고 그는 나와 더불어 먹으리라

15. 하나님은 우리에게 어떻게 찾아오셨나요?

답 하나님의 아들 예수님을 우리에게 보내셨다(요일 4:10).

요일 4:10 사랑은 여기 있으니 우리가 하나님을 사랑한 것이 아니요 하나님이 우리를 사랑하사 우리 죄를 속하기 위하여 화목제물로 그 아들을 보내셨음이라

Ⅲ. 예수님

16. 예수님은 누구신가요?

답 하나님의 아들이고, 사람으로 우리에게 오신 분(요 1:14, 딤전 2:5)

요 1:14 말씀이 육신이 되어 우리 가운데 거하시매 우리가 그의 영광을 보니 아버지의 독생자의 영광이요 은혜와 진리가 충만하더라

딤전 2:5 하나님은 한 분이시요 또 하나님과 사람 사이에 중보자도 한 분이시니 곧 사람이신 그리스도 예수라

17. 예수님은 이 세상에 오셔서 무엇을 하셨나요?

답 어린이, 가난한 사람, 불쌍한 사람들의 친구가 되셨고, 모든 사람을 사랑하셨다(막 2:1-5, 막 10:13-16, 고후 5:14).

막 2:5 예수께서 그들의 믿음을 보시고 중풍병자에게 이르시되 작은 자야 네 죄 사함을 받았느니라 하시니

막 10:16 그 어린 아이들을 안고 그들 위에 안수하시고 축복하시니라

고후 5:14　그리스도의 사랑이 우리를 강권하시는도다 우리가 생각하건대 한 사람이 모든 사람을 대신하여 죽었은즉 모든 사람이 죽은 것이라

18. 예수님은 이 세상에 오셔서 또 무엇을 하셨나요?

㉯ 몸이 병들고 마음이 아픈 사람을 고쳐 주셨다(마 4:24).

마 4:24　그의 소문이 온 수리아에 퍼진지라 사람들이 모든 앓는 자 곧 각종 병에 걸려서 고통 당하는 자, 귀신 들린 자, 간질하는 자, 중풍병자들을 데려오니 그들을 고치시더라

19. 예수님은 이 세상에 오셔서 또 무엇을 하셨나요?

㉯ 하나님과 하나님 나라를 알려주셨다(막 1:14-15).

막 1:14-15　요한이 잡힌 후 예수께서 갈릴리에 오셔서 하나님의 복음을 전파하여 이르시되 때가 찼고 하나님의 나라가 가까이 왔으니 회개하고 복음을 믿으라 하시더라

20. 예수님은 어떻게 죽으셨나요?

㉯ 십자가에 달려서 죽으셨다(요 19:17-18, 막 15:22-37).

요 19:18　그들이 거기서 예수를 십자가에 못 박을새 다른 두 사람도 그와 함께 좌우편에 못 박으니 예수는 가운데 있더라

막 15:37　예수께서 큰 소리를 지르시고 숨지시니라

21. 예수님은 왜 십자가에서 죽으셨나요?

㉯ 우리의 죄를 대신하여 죽으셨다(요일 4:10, 고후 5:15).

요일 4:10　사랑은 여기 있으니 우리가 하나님을 사랑한 것이 아니요 하나님이 우리를 사랑하사 우리 죄를 속하기 위하여 화목제물로 그 아들을 보내셨음이라

고후 5:15　그가 모든 사람을 대신하여 죽으심은 살아 있는 자들로 하여금 다시는 그들 자신을 위하여 살지 않고 오직 그들을 대신하여 죽었다가 다시 살아나신 이를 위하여 살게 하려 함이라

22. 예수님은 죽으신 후 어떻게 되었나요?

㉯ 삼 일 만에 부활하셨고, 지금도 하나님 오른편에서 우리를 지켜 주신다(히 8:1).

히 8:1　지금 우리가 하는 말의 요점은 이러한 대제사장이 우리에게 있다는 것이라 그는 하늘

에서 지극히 크신 이의 보좌 우편에 앉으셨으니

23. 예수님은 왜 다시 오시나요?

답 하나님 나라를 완성하기 위해(요 14:2)

요 14:2 내 아버지 집에 거할 곳이 많도다 그렇지 않으면 너희에게 일렀으리라 내가 너희를 위하여 거처를 예비하러 가노니

24. 예수님을 믿는다는 것이 무슨 뜻인가요?

답 예수님이 나의 죄를 위해 죽으신 것을 믿고, 그분을 나의 주님으로 삼는 것이다(롬 10:9, 고전 15:3-4).

롬 10:9 네가 만일 네 입으로 예수를 주로 시인하며 또 하나님께서 그를 죽은 자 가운데서 살리신 것을 네 마음에 믿으면 구원을 받으리라

고전 15:3-4 내가 받은 것을 먼저 너희에게 전하였노니 이는 성경대로 그리스도께서 우리 죄를 위하여 죽으시고 장사 지낸 바 되셨다가 성경대로 사흘 만에 다시 살아나사

25. 예수님을 믿으면 어떻게 되나요?

답 구원을 받는다(롬 10:10).

롬 10:10 사람이 마음으로 믿어 의에 이르고 입으로 시인하여 구원에 이르느니라

26. 구원이 무엇인가요?

답 예수님을 통해 죄를 용서받고, 하나님과 영원히 사는 것(골 1:14, 요일 2:17)

골 1:14 그 아들 안에서 우리가 속량 곧 죄 사함을 얻었도다

요일 2:17 이 세상도, 그 정욕도 지나가되 오직 하나님의 뜻을 행하는 자는 영원히 거하느니라

27. 나는 예수님을 믿고 구원을 받았나요?

답 네(고후 13:5).

고후 13:5 너희는 믿음 안에 있는가 너희 자신을 시험하고 너희 자신을 확증하라 예수 그리스도께서 너희 안에 계신 줄을 너희가 스스로 알지 못하느냐 그렇지 않으면 너희는 버림 받은 자니라

28. 사람이 예수님을 믿고 죽으면 어떻게 되나요?

㉮ 예수님의 부활처럼 다시 살아나 주님과 함께 영원한 생명을 누린다(요 5:29; 20:31).

> 요 5:29 선한 일을 행한 자는 생명의 부활로, 악한 일을 행한 자는 심판의 부활로 나오리라
>
> 요 20:31 오직 이것을 기록함은 너희로 예수께서 하나님의 아들 그리스도이심을 믿게 하려 함이요 또 너희로 믿고 그 이름을 힘입어 생명을 얻게 하려 함이니라

IV. 성령님

29. 성령님은 누구인가요?

㉮ 하나님과 예수님이 보내 주신 영(요 15:26)

> 요 15:26 내가 아버지께로부터 너희에게 보낼 보혜사 곧 아버지께로부터 나오시는 진리의 성령이 오실 때에 그가 나를 증언하실 것이요

30. 최초의 기독교인들에게 성령님은 어떻게 나타나셨나요?

㉮ 강한 바람과 같은 소리를 내면서, 불의 혀처럼 갈라져서 각 사람들에게 임하셨다(행 2:1-4).

> 행 2:1-4 오순절 날이 이미 이르매 그들이 다같이 한 곳에 모였더니 홀연히 하늘로부터 급하고 강한 바람 같은 소리가 있어 그들이 앉은 온 집에 가득하며 마치 불의 혀처럼 갈라지는 것들이 그들에게 보여 각 사람 위에 하나씩 임하여 있더니 그들이 다 성령의 충만함을 받고 성령이 말하게 하심을 따라 다른 언어들로 말하기를 시작하니라

31. 성령님은 어디에 계시나요?

㉮ 세상 모든 곳에 계시고, 내 안에도 계신다(딤후 1:14, 엡 2:22).

> 딤후 1:14 우리 안에 거하시는 성령으로 말미암아 네게 부탁한 아름다운 것을 지키라
>
> 엡 2:22 너희도 성령 안에서 하나님이 거하실 처소가 되기 위하여 그리스도 예수 안에서 함께 지어져 가느니라

32. 성령님은 어떤 일을 하시나요?

답 예수님을 믿게 하고, 모든 생명을 지켜 주신다(요 16:13; 17:11).

> 요 16:13 그러나 진리의 성령이 오시면 그가 너희를 모든 진리 가운데로 인도하시리니 그가 스스로 말하지 않고 오직 들은 것을 말하며 장래 일을 너희에게 알리시리라
>
> 요 17:11 나는 세상에 더 있지 아니하오나 그들은 세상에 있사옵고 나는 아버지께로 가옵나니 거룩하신 아버지여 내게 주신 아버지의 이름으로 그들을 보전하사 우리와 같이 그들도 하나가 되게 하옵소서

33. 성령님은 나에게 어떤 일을 하시나요?

답 나와 언제나 함께하시고, 나를 하나님께로 인도하신다(요일 4:13).

> 요일 4:13 그의 성령을 우리에게 주시므로 우리가 그 안에 거하고 그가 우리 안에 거하시는 줄을 아느니라

34. 성령님과 함께하면 어떤 일이 일어나나요?

답 하나님을 닮아 가게 된다(엡 5:1-2, 요 16:13).

> 엡 5:1-2 그러므로 사랑을 받는 자녀 같이 너희는 하나님을 본받는 자가 되고 그리스도께서 너희를 사랑하신 것 같이 너희도 사랑 가운데서 행하라 그는 우리를 위하여 자신을 버리사 향기로운 제물과 희생제물로 하나님께 드리셨느니라
>
> 요 16:13 그러나 진리의 성령이 오시면 그가 너희를 모든 진리 가운데로 인도하시리니 그가 스스로 말하지 않고 오직 들은 것을 말하며 장래 일을 너희에게 알리시리라

V. 교회

35. 교회는 무엇인가요?

답 예수님을 주님으로 믿는 사람들의 모임(엡 1:23, 롬 1:6-7)

> 엡 1:23 교회는 그의 몸이니 만물 안에서 만물을 충만하게 하시는 이의 충만함이니라
>
> 롬 1:6-7 너희도 그들 중에서 예수 그리스도의 것으로 부르심을 받은 자니라 로마에서 하나님의 사랑하심을 받고 성도로 부르심을 받은 모든 자에게 하나님 우리 아버지와 주 예수 그리스도로부터 은혜와 평강이 있기를 원하노라

36. 교회에서 우리는 무엇을 하나요?

㊟ 하나님께 예배를 드리고 하나님의 자녀로서 사는 법을 배운다(요 6:45, 행 2:42-47).

> 요 6:45 선지자의 글에 그들이 다 하나님의 가르치심을 받으리라 기록되었은즉 아버지께 듣고 배운 사람마다 내게로 오느니라
>
> 행 2:46-47 날마다 마음을 같이하여 성전에 모이기를 힘쓰고 집에서 떡을 떼며 기쁨과 순전한 마음으로 음식을 먹고 하나님을 찬미하며 또 온 백성에게 칭송을 받으니 주께서 구원 받는 사람을 날마다 더하게 하시니라

37. 예배가 무엇인가요?

㊟ 하나님 앞으로 와서 하나님을 만나는 것(출 29:43, 시 84:5; 132:7)

> 출 29:43 내가 거기서 이스라엘 자손을 만나리니 내 영광으로 말미암아 회막이 거룩하게 될지라
>
> 시 84:5 주께 힘을 얻고 그 마음에 시온의 대로가 있는 자는 복이 있나이다
>
> 시 132:7 우리가 그의 계신 곳으로 들어가서 그의 발등상 앞에서 엎드려 예배하리로다

38. 예배를 어떻게 드리나요?

㊟ 예배는 하나님께 찬양하고, 기도하고, 하나님의 말씀을 듣는 것이다(눅 24:52-53).

> 눅 24:52-53 그들이 [그에게 경배하고] 큰 기쁨으로 예루살렘에 돌아가 늘 성전에서 하나님을 찬송하니라

39. 헌금은 왜 드리나요?

㊟ 하나님께 감사하고, 하나님께 나의 마음을 드리는 표시로 드린다(고후 9:7, 마 2:11).

> 고후 9:7 각각 그 마음에 정한 대로 할 것이요 인색함으로나 억지로 하지 말지니 하나님은 즐겨 내는 자를 사랑하시느니라
>
> 마 2:11 집에 들어가 아기와 그의 어머니 마리아가 함께 있는 것을 보고 엎드려 아기께 경배하고 보배합을 열어 황금과 유향과 몰약을 예물로 드리니라

40. 성경은 무엇인가요?

답 하나님의 말씀(딤후 3:15-17, 벧후 1:20-21)

> 딤후 3:16 모든 성경은 하나님의 감동으로 된 것으로 교훈과 책망과 바르게 함과 의로 교육하기에 유익하니
>
> 벧후 1:21 예언은 언제든지 사람의 뜻으로 낸 것이 아니요 오직 성령의 감동하심을 받은 사람들이 하나님께 받아 말한 것임이라

41. 성경은 왜 필요한가요?

답 우리가 구원을 얻고 하나님의 자녀로서 살아가도록 가르쳐 주기 때문에(딤후 3:15-17)

> 딤후 3:17 이는 하나님의 사람으로 온전하게 하며 모든 선한 일을 행할 능력을 갖추게 하려 함이라

42. 성경은 우리에게 어떤 책인가요?

답 평생 읽고, 듣고, 배워야 할 책(딤전 4:13, 요 20:31)

> 딤전 4:13 내가 이를 때까지 읽는 것과 권하는 것과 가르치는 것에 전념하라
>
> 요 20:31 오직 이것을 기록함은 너희로 예수께서 하나님의 아들 그리스도이심을 믿게 하려 함이요 또 너희로 믿고 그 이름을 힘입어 생명을 얻게 하려 함이니라

43. 성경은 몇 권으로 되어 있나요?

답 구약 39권, 신약 27권, 모두 66권

44. 구약의 내용은 무엇인가요?

답 사람에게 오실 예수님에 대한 약속을 미리 보여 준다(눅 24:44-48).

> 눅 24:44 또 이르시되 내가 너희와 함께 있을 때에 너희에게 말한 바 곧 모세의 율법과 선지자의 글과 시편에 나를 가리켜 기록된 모든 것이 이루어져야 하리라 한 말이 이것이라 하시고

45. 신약의 내용은 무엇인가요?

답 하나님의 약속대로 사람에게 오신 예수님을 보여 준다(요 1:1-18).

> 요 1:18 본래 하나님을 본 사람이 없으되 아버지 품 속에 있는 독생하신 하나님이 나타내셨느니라

46. 세례는 무엇인가요?

답 예수님을 믿어 죄를 용서받고, 하나님의 자녀가 된 표시로 받는 교회의 예식(갈 3:26-27, 롬 6:3-7)

> 갈 3:26-27 너희가 다 믿음으로 말미암아 그리스도 예수 안에서 하나님의 아들이 되었으니 누구든지 그리스도와 합하기 위하여 세례를 받은 자는 그리스도로 옷 입었느니라
>
> 롬 6:3-4 무릇 그리스도 예수와 합하여 세례를 받은 우리는 그의 죽으심과 합하여 세례를 받은 줄을 알지 못하느냐 그러므로 우리가 그의 죽으심과 합하여 세례를 받음으로 그와 함께 장사되었나니 이는 아버지의 영광으로 말미암아 그리스도를 죽은 자 가운데서 살리심과 같이 우리로 또한 새 생명 가운데서 행하게 하려 함이라

47. 세례는 어떻게 받나요?

답 성부와 성자와 성령의 이름으로 물을 사용해서(마 28:19, 행 8:36)

> 마 28:19 그러므로 너희는 가서 모든 민족을 제자로 삼아 아버지와 아들과 성령의 이름으로 세례를 베풀고
>
> 행 8:36 길 가다가 물 있는 곳에 이르러 그 내시가 말하되 보라 물이 있으니 내가 세례를 받음에 무슨 거리낌이 있느냐

48. 성부와 성자와 성령이 누구인가요?

답 성부도 하나님, 성자도 하나님, 성령도 하나님으로서 한 하나님이시다(고후 13:13).

> 고후 13:13 주 예수 그리스도의 은혜와 하나님의 사랑과 성령의 교통하심이 너희 무리와 함께 있을지어다

49. 누가 세례받을 수 있나요?

답 예수님을 믿고 나의 주님으로 고백하는 사람(갈 3:26-27)

> 갈 3:26-27 너희가 다 믿음으로 말미암아 그리스도 예수 안에서 하나님의 아들이 되었으니

| 누구든지 그리스도와 합하기 위하여 세례를 받은 자는 그리스도로 옷 입었느니라

50. 세례를 받은 후 우리에게 어떠한 변화가 생기나요?

㉠ 세례교인으로 성찬에 참여하고, 하나님 나라 백성이 된다.

51. 성찬은 무엇인가요?

㉠ 떡과 잔을 먹고 마시면서 예수님의 몸과 피를 받는 예식(고전 11:23-29)

| 고전 11:26 너희가 이 떡을 먹으며 이 잔을 마실 때마다 주의 죽으심을 그가 오실 때까지 전하는 것이니라

52. 성찬에 참여하면 어떤 일이 생기나요?

㉠ 예수님과 하나가 됨을 확인한다(요 6:32-35, 53-55).

| 요 6:35 예수께서 이르시되 나는 생명의 떡이니 내게 오는 자는 결코 주리지 아니할 터이요 나를 믿는 자는 영원히 목마르지 아니하리라

| 요 6:53-55 예수께서 이르시되 내가 진실로 진실로 너희에게 이르노니 인자의 살을 먹지 아니하고 인자의 피를 마시지 아니하면 너희 속에 생명이 없느니라 내 살을 먹고 내 피를 마시는 자는 영생을 가졌고 마지막 날에 내가 그를 다시 살리리니 내 살은 참된 양식이요 내 피는 참된 음료로다

53. 성찬에 참여하려면 어떻게 해야 하나요?

㉠ 죄를 회개하고 자신을 돌아보아 예수님의 몸과 피를 받을 수 있는 준비를 해야 한다(고전 11:23-29).

| 고전 11:27-29 그러므로 누구든지 주의 떡이나 잔을 합당하지 않게 먹고 마시는 자는 주의 몸과 피에 대하여 죄를 짓는 것이니라 사람이 자기를 살피고 그 후에야 이 떡을 먹고 이 잔을 마실지니 주의 몸을 분별하지 못하고 먹고 마시는 자는 자기의 죄를 먹고 마시는 것이니라

54. 기도는 무엇인가요?

㉠ 하나님과의 대화(시 66:19)

| 시 66:19 그러나 하나님이 실로 들으셨음이여 내 기도 소리에 귀를 기울이셨도다

55. 우리의 기도는 누가 들으시나요?

답 하나님(마 6:6)

> 마 6:6 너는 기도할 때에 네 골방에 들어가 문을 닫고 은밀한 중에 계신 네 아버지께 기도하라 은밀한 중에 보시는 네 아버지께서 갚으시리라

56. 우리는 언제 기도할 수 있나요?

답 언제나(살전 5:17)

> 살전 5:17 쉬지 말고 기도하라

57. 우리는 어떻게 기도해야 하나요?

답 하나님을 부르고, 감사하고, 죄를 고백하고, 나와 다른 사람에게 필요한 것을 부탁하며, 예수님의 이름으로 기도한다(딤전 2:1, 요 15:16).

> 딤전 2:1 그러므로 내가 첫째로 권하노니 모든 사람을 위하여 간구와 기도와 도고와 감사를 하되
>
> 요 15:16 너희가 나를 택한 것이 아니요 내가 너희를 택하여 세웠나니 이는 너희로 가서 열매를 맺게 하고 또 너희 열매가 항상 있게 하여 내 이름으로 아버지께 무엇을 구하든지 다 받게 하려 함이라

58. 예수님이 우리에게 가르쳐 주신 기도는 무엇인가요?

답 주기도문(마 6:9-13)

> 마 6:9-13 그러므로 너희는 이렇게 기도하라 하늘에 계신 우리 아버지여 이름이 거룩히 여김을 받으시오며 나라가 임하시오며 뜻이 하늘에서 이루어진 것 같이 땅에서도 이루어지이다 오늘 우리에게 일용할 양식을 주시옵고 우리가 우리에게 죄 지은 자를 사하여 준 것 같이 우리 죄를 사하여 주시옵고 우리를 시험에 들게 하지 마시옵고 다만 악에서 구하시옵소서 (나라와 권세와 영광이 아버지께 영원히 있사옵나이다 아멘)

59. 주일은 어떤 날인가요?

답 주님의 날(계 1:9-10)

> 계 1:9-10 나 요한은 너희 형제요 예수의 환난과 나라와 참음에 동참하는 자라 하나님의 말씀과 예수를 증언하였음으로 말미암아 밧모라 하는 섬에 있었더니 주의 날에 내가 성령에

감동되어 내 뒤에서 나는 나팔 소리 같은 큰 음성을 들으니

60. 주일은 어떻게 지켜야 하나요?

답 교회에 함께 모여 예배를 드리고 거룩하게 지켜야 한다(고전 3:16-17, 히 10:25).

고전 3:16-17　너희는 너희가 하나님의 성전인 것과 하나님의 성령이 너희 안에 계시는 것을 알지 못하느냐 누구든지 하나님의 성전을 더럽히면 하나님이 그 사람을 멸하시리라 하나님의 성전은 거룩하니 너희도 그러하니라

히 10:25　모이기를 폐하는 어떤 사람들의 습관과 같이 하지 말고 오직 권하여 그 날이 가까움을 볼수록 더욱 그리하자

VI. 하나님 나라 백성의 삶

61. 하나님 나라 백성은 세상 속에서 어떻게 살아야 하나요?

답 하나님의 뜻대로 살며, 예수님을 알리는 삶을 살아야 한다(행 1:8, 마 28:19-20).

행 1:8　오직 성령이 너희에게 임하시면 너희가 권능을 받고 예루살렘과 온 유대와 사마리아와 땅 끝까지 이르러 내 증인이 되리라 하시니라

마 28:20　내가 너희에게 분부한 모든 것을 가르쳐 지키게 하라 볼지어다 내가 세상 끝날까지 너희와 항상 함께 있으리라 하시니라

62. 부모님을 어떻게 대해야 하나요?

답 주 안에서 부모님을 공경하고 사랑한다(엡 6:1-3, 출 20:12).

엡 6:1-3　자녀들아 주 안에서 너희 부모에게 순종하라 이것이 옳으니라 네 아버지와 어머니를 공경하라 이것은 약속이 있는 첫 계명이니 이로써 네가 잘되고 땅에서 장수하리라

출 20:12　네 부모를 공경하라 그리하면 네 하나님 여호와가 네게 준 땅에서 네 생명이 길리라

63. 이웃에 대해서 어떻게 해야 하나요?

답 이웃을 사랑해야 한다(레 19:18, 롬 13:10, 갈 5:14).

레 19:18 원수를 갚지 말며 동포를 원망하지 말며 네 이웃 사랑하기를 네 자신과 같이 사랑하라 나는 여호와이니라

롬 13:10 사랑은 이웃에게 악을 행하지 아니하나니 그러므로 사랑은 율법의 완성이니라

갈 5:14 온 율법은 네 이웃 사랑하기를 네 자신 같이 하라 하신 한 말씀에서 이루어졌나니

64. 국가에 대해서 어떻게 해야 하나요?

답 국민의 의무를 다하고, 하나님의 정의와 사랑이 이루어지도록 노력한다(롬 13:1-7, 벧전 3:13-16).

롬 13:1 각 사람은 위에 있는 권세들에게 복종하라 권세는 하나님으로부터 나지 않음이 없나니 모든 권세는 다 하나님께서 정하신 바라

벧전 3:15-16 너희 마음에 그리스도를 주로 삼아 거룩하게 하고 너희 속에 있는 소망에 관한 이유를 묻는 자에게는 대답할 것을 항상 준비하되 온유와 두려움으로 하고 선한 양심을 가지라 이는 그리스도 안에 있는 너희의 선행을 욕하는 자들로 그 비방하는 일에 부끄러움을 당하게 하려 함이라

65. 세계에 대해서 어떻게 해야 하나요?

답 세계의 평화를 위해 힘쓰고, 더불어 살아가는 아름다운 지구공동체가 되도록 노력해야 한다(마 5:9, 약 3:18).

마 5:9 화평하게 하는 자는 복이 있나니 그들이 하나님의 아들이라 일컬음을 받을 것임이요

약 3:18 화평하게 하는 자들은 화평으로 심어 의의 열매를 거두느니라

66. 시간과 물질은 어떻게 사용해야 하나요?

답 하나님이 주신 것이니 소중히 여기고 바르게 사용해야 한다(엡 5:16, 딤전 4:4-5).

엡 5:16 세월을 아끼라 때가 악하니라

딤전 4:4-5 하나님께서 지으신 모든 것이 선하매 감사함으로 받으면 버릴 것이 없나니 하나님의 말씀과 기도로 거룩하여짐이라

67. 자연에 대해서 어떻게 해야 하나요?

답 하나님이 창조하신 자연을 잘 보살피고 보존해야 한다(창 2:15).

| 창 2:15 여호와 하나님이 그 사람을 이끌어 에덴 동산에 두어 그것을 경작하며 지키게 하시고

Ⅶ. 사도신경, 십계명, 주기도문

68. 사도신경을 외워 봅니다.

답 나는 전능하신 아버지 하나님, 천지의 창조주를 믿습니다.
나는 그의 유일하신 아들, 우리 주 예수 그리스도를 믿습니다.
그는 성령으로 잉태되어 동정녀 마리아에게서 나시고,
본디오 빌라도에게 고난을 받아 십자가에 못 박혀 죽으시고,
장사된 지 사흘 만에 죽은 자 가운데서 다시 살아나셨으며,
하늘에 오르시어 전능하신 아버지 하나님 우편에 앉아 계시다가,
거기로부터 살아 있는 자와 죽은 자를 심판하러 오십니다.
나는 성령을 믿으며, 거룩한 공교회와 성도의 교제와
죄를 용서받는 것과 몸의 부활과 영생을 믿습니다. 아멘.

69. 십계명을 외워 봅니다(출 20:1-17).

답 제일은, 너는 나 외에는 다른 신들을 네게 두지 말라.
제이는, 너를 위하여 새긴 우상을 만들지 말고,
또 위로 하늘에 있는 것이나, 아래로 땅에 있는 것이나,
땅 아래 물 속에 있는 것의 어떤 형상도 만들지 말며,
그것들에게 절하지 말며, 그것들을 섬기지 말라.
제삼은, 너는 네 하나님 여호와의 이름을 망령되게 부르지 말라.
제사는, 안식일을 기억하여 거룩하게 지키라.
제오는, 네 부모를 공경하라.
제육은, 살인하지 말라.

제칠은, 간음하지 말라.

제팔은, 도둑질하지 말라.

제구는, 네 이웃에 대하여 거짓 증거하지 말라.

제십은, 네 이웃의 집을 탐내지 말라.

70. 주기도문을 외워 봅니다(마 6:9-13).

답 하늘에 계신 우리 아버지,
아버지의 이름을 거룩하게 하시며 아버지의 나라가 오게 하시며,
아버지의 뜻이 하늘에서와 같이 땅에서도 이루어지게 하소서.
오늘 우리에게 일용할 양식을 주시고,
우리가 우리에게 잘못한 사람을 용서하여 준 것같이,
우리 죄를 용서하여 주시고,
우리를 시험에 빠지지 않게 하시고, 악에서 구하소서.
나라와 권능과 영광이 영원히 아버지의 것입니다. 아멘.

Ⅳ

입교문답의 예

I. 나

1. 나는 누구입니까?

답 나는 하나님의 형상으로 창조된 하나님의 피조물입니다(창 1:27).

> 창 1:27 하나님이 자기 형상 곧 하나님의 형상대로 사람을 창조하시되 남자와 여자를 창조하시고

2. 하나님의 형상으로 창조됐다는 것은 어떤 의미입니까?

답 하나님을 알고, 하나님과 올바른 관계를 맺고, 거룩한 삶을 살도록 창조됐다는 뜻입니다(골 3:10).

> 골 3:10 새 사람을 입었으니 이는 자기를 창조하신 이의 형상을 따라 지식에까지 새롭게 하심을 입은 자니라

3. 하나님께서 창조하신 피조물인 나는 누구입니까?

답 하나님의 자녀입니다(엡 2:10).

> 엡 2:10 우리는 그가 만드신 바라 그리스도 예수 안에서 선한 일을 위하여 지으심을 받은 자니 이 일은 하나님이 전에 예비하사 우리로 그 가운데서 행하게 하려 하심이니라

4. 나는 어떻게 하나님의 자녀가 됐습니까?

답 예수님을 믿고, 구주로 영접하였기에 하나님의 자녀가 되었습니다(요 1:12).

요 1:12 영접하는 자 곧 그 이름을 믿는 자들에게는 하나님의 자녀가 되는 권세를 주셨으니

5. 나는 어떻게 살아야 합니까?

답 나를 지으신 하나님을 기쁘시게 하며 또한 그분을 기뻐하는 삶을 살아야 합니다(롬 12:1-2, 고전 10:31).

롬 12:1-2 그러므로 형제들아 내가 하나님의 모든 자비하심으로 너희를 권하노니 너희 몸을 하나님이 기뻐하시는 거룩한 산 제물로 드리라 이는 너희가 드릴 영적 예배니라 너희는 이 세대를 본받지 말고 오직 마음을 새롭게 함으로 변화를 받아 하나님의 선하시고 기뻐하시고 온전하신 뜻이 무엇인지 분별하도록 하라

고전 10:31 그런즉 너희가 먹든지 마시든지 무엇을 하든지 다 하나님의 영광을 위하여 하라

II. 하나님

6. 나를 지으신 하나님은 어떤 분이십니까?

답 사람뿐만 아니라, 온 세상을 만드신 창조주이십니다(창 1:1, 시 8:3).

창 1:1 태초에 하나님이 천지를 창조하시니라

시 8:3 주의 손가락으로 만드신 주의 하늘과 주께서 베풀어 두신 달과 별들을 내가 보오니

7. 하나님은 어떤 특성을 가지고 계십니까?

답 하나님은 스스로 계시고 영원하시며 완전하시고 모든 것을 아시고 모든 것을 하실 수 있습니다(출 3:14, 딤전 1:17, 마 5:48, 히 4:13, 창 17:1).

출 3:14 하나님이 모세에게 이르시되 나는 스스로 있는 자이니라 또 이르시되 너는 이스라엘 자손에게 이같이 이르기를 스스로 있는 자가 나를 너희에게 보내셨다 하라

딤전 1:17 영원하신 왕 곧 썩지 아니하고 보이지 아니하고 홀로 하나이신 하나님께 존귀와 영광이 영원무궁하도록 있을지어다 아멘

마 5:48 그러므로 하늘에 계신 너희 아버지의 온전하심과 같이 너희도 온전하라

히 4:13 지으신 것이 하나도 그 앞에 나타나지 않음이 없고 우리의 결산을 받으실 이의 눈 앞에 만물이 벌거벗은 것 같이 드러나느니라

창 17:1 아브람이 구십구 세 때에 여호와께서 아브람에게 나타나서 그에게 이르시되 나는 전능한 하나님이라 너는 내 앞에서 행하여 완전하라

8. 하나님은 어떤 성품을 가지고 계십니까?

답 하나님은 사랑이시고 정의로우시며 한결같으십니다(요일 4:8, 시 33:5; 102:27).

요일 4:8 사랑하지 아니하는 자는 하나님을 알지 못하나니 이는 하나님은 사랑이심이라

시 33:5 그는 공의와 정의를 사랑하심이여 세상에는 여호와의 인자하심이 충만하도다

시 102:27 주는 한결같으시고 주의 연대는 무궁하리이다

9. 하나님께서 세상과 사람을 창조하시고 무슨 말씀을 하셨습니까?

답 보시기에 좋다, 매우 좋다 하셨습니다(창 1:10, 12, 18, 25, 31).

창 1:31 하나님이 지으신 그 모든 것을 보시니 보시기에 심히 좋았더라 저녁이 되고 아침이 되니 이는 여섯째 날이니라

10. 오늘의 세상과 사람은 여전히 창조 때처럼 하나님께서 보시기에 좋습니까?

답 사람은 선하지 못하고, 세상은 보시기에 좋은 모습이 아닙니다(창 6:5).

창 6:5 여호와께서 사람의 죄악이 세상에 가득함과 그의 마음으로 생각하는 모든 계획이 항상 악할 뿐임을 보시고

11. 그렇게 된 이유가 무엇입니까?

답 죄 때문입니다(창 2:17, 롬 5:12).

창 2:17 선악을 알게 하는 나무의 열매는 먹지 말라 네가 먹는 날에는 반드시 죽으리라 하시니라

롬 5:12 그러므로 한 사람으로 말미암아 죄가 세상에 들어오고 죄로 말미암아 사망이 들어왔나니 이와 같이 모든 사람이 죄를 지었으므로 사망이 모든 사람에게 이르렀느니라

12. 죄는 무엇입니까?

㊐ 하나님의 계명을 어기고, 하나님을 떠나는 것입니다(창 3:8, 24, 요일 3:4).

창 3:8 그들이 그 날 바람이 불 때 동산에 거니시는 여호와 하나님의 소리를 듣고 아담과 그의 아내가 여호와 하나님의 낯을 피하여 동산 나무 사이에 숨은지라

창 3:24 이같이 하나님이 그 사람을 쫓아내시고 에덴 동산 동쪽에 그룹들과 두루 도는 불칼을 두어 생명 나무의 길을 지키게 하시니라

요일 3:4 죄를 짓는 자마다 불법을 행하나니 죄는 불법이라

13. 죄의 결과는 무엇입니까?

㊐ 하나님을 알지 못하고 하나님의 뜻을 따르지 않고, 하나님과 이웃과 자연과 우리의 관계가 파괴되는 것입니다(롬 1:21, 28).

롬 1:21 하나님을 알되 하나님을 영화롭게도 아니하며 감사하지도 아니하고 오히려 그 생각이 허망하여지며 미련한 마음이 어두워졌나니

롬 1:28 또한 그들이 마음에 하나님 두기를 싫어하매 하나님께서 그들을 그 상실한 마음대로 내버려 두사 합당하지 못한 일을 하게 하셨으니

14. 죄에서 돌이키지 않으면 어떻게 됩니까?

㊐ 하나님 없는 삶을 살고 결국 영원한 죽음의 형벌을 받습니다(롬 2:5, 살후 1:9).

롬 2:5 다만 네 고집과 회개하지 아니한 마음을 따라 진노의 날 곧 하나님의 의로우신 심판이 나타나는 그 날에 임할 진노를 네게 쌓는도다

살후 1:9 이런 자들은 주의 얼굴과 그의 힘의 영광을 떠나 영원한 멸망의 형벌을 받으리로다

Ⅲ. 예수 그리스도

15. 예수님은 어떤 분이십니까?

㊐ 사람으로 이 땅에 오신 하나님의 아들입니다(딤전 2:5, 마 16:16).

딤전 2:5 하나님은 한 분이시요 또 하나님과 사람 사이에 중보자도 한 분이시니 곧 사람이신

그리스도 예수라

마 16:16 시몬 베드로가 대답하여 이르되 주는 그리스도시요 살아 계신 하나님의 아들이시니이다

16. 예수님은 하나님이십니까?

답 사람의 아들이 사람이듯, 하나님의 아들인 예수님도 완전한 하나님이십니다(요 1:1; 20:28, 롬 9:5).

요 1:1 태초에 말씀이 계시니라 이 말씀이 하나님과 함께 계셨으니 이 말씀은 곧 하나님이시니라

요 20:28 도마가 대답하여 이르되 나의 주님이시요 나의 하나님이시니이다

롬 9:5 조상들도 그들의 것이요 육신으로 하면 그리스도가 그들에게서 나셨으니 그는 만물 위에 계셔서 세세에 찬양을 받으실 하나님이시니라 아멘

17. 예수님은 하나님이신데, 이 세상에 오셨으니 사람이기도 하신 건가요?

답 예수님은 하나님이자 사람이십니다. 따라서 예수님의 한 인격 안에 신성과 인성이 함께 연합하여 있습니다(요 1:14, 갈 4:4).

요 1:14 말씀이 육신이 되어 우리 가운데 거하시매 우리가 그의 영광을 보니 아버지의 독생자의 영광이요 은혜와 진리가 충만하더라

갈 4:4 때가 차매 하나님이 그 아들을 보내사 여자에게서 나게 하시고 율법 아래에 나게 하신 것은

18. 그렇다면 예수님은 우리와 다른 존재라는 것입니까?

답 예수님은 신성을 가지신 하나님으로서는 우리와 다릅니다. 하지만 인성으로서는 죄가 없으신 것을 제외하고 우리 사람과 똑같습니다(히 4:15, 요일 3:5).

히 4:15 우리에게 있는 대제사장은 우리의 연약함을 동정하지 못하실 이가 아니요 모든 일에 우리와 똑같이 시험을 받으신 이로되 죄는 없으시니라

요일 3:5 그가 우리 죄를 없애려고 나타나신 것을 너희가 아나니 그에게는 죄가 없느니라

19. 예수님은 구약성경에서 예언하였던 그리스도가 맞습니까?

답 나사렛 사람 예수님은 구약성경에서 예언하였던 그리스도입니다(마 1:21, 요

5:39, 벧전 1:10).

마 1:21　아들을 낳으리니 이름을 예수라 하라 이는 그가 자기 백성을 그들의 죄에서 구원할 자이심이라 하니라

요 5:39　너희가 성경에서 영생을 얻는 줄 생각하고 성경을 연구하거니와 이 성경이 곧 내게 대하여 증언하는 것이니라

벧전 1:10　이 구원에 대하여는 너희에게 임할 은혜를 예언하던 선지자들이 연구하고 부지런히 살펴서

20. 그리스도라는 말은 무슨 뜻입니까?

답 그리스도는 기름 부음 받은 사람을 뜻합니다. 구약에서는 예언자, 제사장, 왕이 기름 부음을 받았습니다. 그리스도는 예언자로서 하나님의 뜻을 우리에게 알려 주십니다(요 15:15, 히 1:2).

그리스도는 제사장으로서 하나님과 우리의 관계를 회복하십니다(히 2:17; 7:25, 롬 5:1). 그리스도는 왕으로서 세상을 다스리시고 모든 원수를 이기십니다(고전 15:25, 골 1:18, 롬 16:19).

요 15:15　이제부터는 너희를 종이라 하지 아니하리니 종은 주인이 하는 것을 알지 못함이라 너희를 친구라 하였노니 내가 내 아버지께 들은 것을 다 너희에게 알게 하였음이라

히 1:2　이 모든 날 마지막에는 아들을 통하여 우리에게 말씀하셨으니 이 아들을 만유의 상속자로 세우시고 또 그로 말미암아 모든 세계를 지으셨느니라

히 2:17　그러므로 그가 범사에 형제들과 같이 되심이 마땅하도다 이는 하나님의 일에 자비하고 신실한 대제사장이 되어 백성의 죄를 속량하려 하심이라

히 7:25　그러므로 자기를 힘입어 하나님께 나아가는 자들을 온전히 구원하실 수 있으니 이는 그가 항상 살아 계셔서 그들을 위하여 간구하심이라

롬 5:1　그러므로 우리가 믿음으로 의롭다 하심을 받았으니 우리 주 예수 그리스도로 말미암아 하나님과 화평을 누리자

고전 15:25　그가 모든 원수를 그 발 아래에 둘 때까지 반드시 왕 노릇 하시리니

골 1:18　그는 몸인 교회의 머리시라 그가 근본이시요 죽은 자들 가운데서 먼저 나신 이시니 이는 친히 만물의 으뜸이 되려 하심이요

롬 16:19　너희의 순종함이 모든 사람에게 들리는지라 그러므로 내가 너희로 말미암아 기뻐하노니 너희가 선한 데 지혜롭고 악한 데 미련하기를 원하노라

21. 예수님은 이 땅에 어떻게 태어나셨습니까?

답 성령님에 의해 동정녀 마리아에게서 태어나셨습니다(마 1:18, 눅 1:35).

마 1:18 예수 그리스도의 나심은 이러하니라 그의 어머니 마리아가 요셉과 약혼하고 동거하기 전에 성령으로 잉태된 것이 나타났더니

눅 1:35 천사가 대답하여 이르되 성령이 네게 임하시고 지극히 높으신 이의 능력이 너를 덮으시리니 이러므로 나실 바 거룩한 이는 하나님의 아들이라 일컬어지리라

22. 예수님은 이 세상에 오셔서 어떤 일을 하셨습니까?

답 하나님 나라를 전하고 가르치시며, 모든 약한 것을 고치시고, 하나님 나라를 보여주셨습니다(마 4:24; 9:35).

마 4:24 그의 소문이 온 수리아에 퍼진지라 사람들이 모든 앓는 자 곧 각종 병에 걸려서 고통 당하는 자, 귀신 들린 자, 간질하는 자, 중풍병자들을 데려오니 그들을 고치시더라

마 9:35 예수께서 모든 도시와 마을에 두루 다니사 그들의 회당에서 가르치시며 천국 복음을 전파하시며 모든 병과 모든 약한 것을 고치시니라

23. 예수님의 고난과 십자가에서의 죽음은 누구를 위한 것입니까?

답 우리 자신입니다. 우리 죄를 용서해 주시기 위함입니다(엡 1:7, 행 2:38).

엡 1:7 우리는 그리스도 안에서 그의 은혜의 풍성함을 따라 그의 피로 말미암아 속량 곧 죄 사함을 받았느니라

행 2:38 베드로가 이르되 너희가 회개하여 각각 예수 그리스도의 이름으로 세례를 받고 죄 사함을 받으라 그리하면 성령의 선물을 받으리니

24. 예수님은 죽음 후에 어떻게 됐습니까?

답 예수님은 무덤에 묻히시고 사흘 만에 죽은 자 가운데서 다시 살아나셨습니다(눅 24:46, 고전 15:4).

눅 24:46 또 이르시되 이같이 그리스도가 고난을 받고 제삼일에 죽은 자 가운데서 살아날 것과

고전 15:4 장사 지낸 바 되셨다가 성경대로 사흘 만에 다시 살아나사

25. 예수님은 부활하신 후 어떻게 됐습니까?

㉯ 40일 동안 제자들에게 나타나셔서 하나님 나라를 말씀하셨고, 제자들이 보는 가운데 하나님 오른편으로 올라가셨습니다(행 1:3, 9).

행 1:3 그가 고난 받으신 후에 또한 그들에게 확실한 많은 증거로 친히 살아 계심을 나타내사 사십 일 동안 그들에게 보이시며 하나님 나라의 일을 말씀하시니라

행 1:9 이 말씀을 마치시고 그들이 보는데 올려져 가시니 구름이 그를 가리어 보이지 않게 하더라

26. 예수님은 하늘에 오르신 다음 무엇을 하고 계십니까?

㉯ 예수님은 하나님 오른편에서 교회와 세상을 다스리시고 우리를 위해 기도하십니다(막 16:19, 롬 8:34, 엡 1:23).

막 16:19 주 예수께서 말씀을 마치신 후에 하늘로 올려지사 하나님 우편에 앉으시니라

롬 8:34 누가 정죄하리요 죽으실 뿐 아니라 다시 살아나신 이는 그리스도 예수시니 그는 하나님 우편에 계신 자요 우리를 위하여 간구하시는 자시니라

엡 1:23 교회는 그의 몸이니 만물 안에서 만물을 충만하게 하시는 이의 충만함이니라

27. 예수님은 언제 다시 오십니까?

㉯ 그날과 때는 알 수 없습니다. 하나님 나라를 완성하기 위해 다시 오십니다(행 1:11, 고후 5:10, 히 9:27).

행 1:11 이르되 갈릴리 사람들아 어찌하여 서서 하늘을 쳐다보느냐 너희 가운데서 하늘로 올려지신 이 예수는 하늘로 가심을 본 그대로 오시리라 하였느니라

고후 5:10 이는 우리가 다 반드시 그리스도의 심판대 앞에 나타나게 되어 각각 선악간에 그 몸으로 행한 것을 따라 받으려 함이라

히 9:27 한 번 죽는 것은 사람에게 정해진 것이요 그 후에는 심판이 있으리니

28. 성령님은 어떤 분이십니까?

답 성령님은 하나님이시며, 아버지 하나님과 아들 예수님이 보내주신 영입니다(롬 8:9, 갈 4:6).

> 롬 8:9 만일 너희 속에 하나님의 영이 거하시면 너희가 육신에 있지 아니하고 영에 있나니 누구든지 그리스도의 영이 없으면 그리스도의 사람이 아니라
>
> 갈 4:6 너희가 아들이므로 하나님이 그 아들의 영을 우리 마음 가운데 보내사 아빠 아버지라 부르게 하셨느니라

29. 성령님이 아버지와 아들로부터 보냄을 받은 영이라는 것은 어떤 의미입니까?

답 성령님은 우리를 아버지 하나님과 아들 예수님에게 연결하는 분이라는 뜻입니다(요 15:26; 16:13).

> 요 15:26 내가 아버지께로부터 너희에게 보낼 보혜사 곧 아버지께로부터 나오시는 진리의 성령이 오실 때에 그가 나를 증언하실 것이요
>
> 요 16:13 그러나 진리의 성령이 오시면 그가 너희를 모든 진리 가운데로 인도하시리니 그가 스스로 말하지 않고 오직 들은 것을 말하며 장래 일을 너희에게 알리시리라

30. 성령님은 어떤 활동을 하십니까?

답 성령님은 그리스도로부터 보내심을 받아 그리스도의 이름을 부르는 각 사람에게 오셔서 구원 활동을 하십니다(출 31:3, 삼상 11:6, 행 2:3, 17).

> 출 31:3 하나님의 영을 그에게 충만하게 하여 지혜와 총명과 지식과 여러 가지 재주로
>
> 삼상 11:6 사울이 이 말을 들을 때에 하나님의 영에게 크게 감동되매 그의 노가 크게 일어나
>
> 행 2:3 마치 불의 혀처럼 갈라지는 것들이 그들에게 보여 각 사람 위에 하나씩 임하여 있더니
>
> 행 2:17 하나님이 말씀하시기를 말세에 내가 내 영을 모든 육체에 부어 주리니 너희의 자녀들은 예언할 것이요 너희의 젊은이들은 환상을 보고 너희의 늙은이들은 꿈을 꾸리라

31. 성령님과 그리스도의 사역은 어떤 관계가 있습니까?

답 성령님은 그리스도와 우리를 끈처럼 연결하여 우리도 십자가에서 죽고 다시 살도록 하십니다(딛 3:5-6).

> 딛 3:5-6 우리를 구원하시되 우리가 행한 바 의로운 행위로 말미암지 아니하고 오직 그의 긍휼하심을 따라 중생의 씻음과 성령의 새롭게 하심으로 하셨나니 우리 구주 예수 그리스도로 말미암아 우리에게 그 성령을 풍성히 부어 주사

32. 구원은 무엇입니까?

답 하나님의 은혜의 선물로서 우리가 죄로부터 해방되어 하나님께 속하는 것입니다(롬 8:16, 고전 6:19, 엡 2:22, 히 10:39).

> 롬 8:16 성령이 친히 우리의 영과 더불어 우리가 하나님의 자녀인 것을 증언하시나니
>
> 고전 6:19 너희 몸은 너희가 하나님께로부터 받은 바 너희 가운데 계신 성령의 전인 줄을 알지 못하느냐 너희는 너희 자신의 것이 아니라
>
> 엡 2:22 너희도 성령 안에서 하나님이 거하실 처소가 되기 위하여 그리스도 예수 안에서 함께 지어져 가느니라
>
> 히 10:39 우리는 뒤로 물러가 멸망할 자가 아니요 오직 영혼을 구원함에 이르는 믿음을 가진 자니라

33. 성령님이 우리 구원을 위해 하시는 일은 무엇입니까?

답 하나님의 말씀을 깨닫게 하시고 그 말씀을 받아들여 우리를 거듭나게 하십니다(고전 2:10, 엡 1:17).

> 고전 2:10 오직 하나님이 성령으로 이것을 우리에게 보이셨으니 성령은 모든 것 곧 하나님의 깊은 것까지도 통달하시느니라
>
> 엡 1:17 우리 주 예수 그리스도의 하나님, 영광의 아버지께서 지혜와 계시의 영을 너희에게 주사 하나님을 알게 하시고

34. 구원을 위해 우리가 해야 하는 것은 무엇입니까?

답 회개하는 것입니다. 회개는 자신의 죄를 깨닫고 뉘우치며 하나님께로 돌아가는 것입니다(시 51:3, 엡 4:22-24).

시 51:3　무릇 나는 내 죄과를 아오니 내 죄가 항상 내 앞에 있나이다

엡 4:22-24　너희는 유혹의 욕심을 따라 썩어져 가는 구습을 따르는 옛 사람을 벗어 버리고 오직 너희의 심령이 새롭게 되어 하나님을 따라 의와 진리의 거룩함으로 지으심을 받은 새 사람을 입으라

35. 믿음은 무엇입니까?

답 믿음은 성령님의 선물이며, 예수님을 주로 고백하는 것이고, 주님이 우리 안에 살아계시는 것입니다(엡 3:17, 갈 2:20). 믿음은 우리 인격과 삶에 예수님의 모습이 나타나게 합니다.

엡 3:17　믿음으로 말미암아 그리스도께서 너희 마음에 계시게 하시옵고 너희가 사랑 가운데서 뿌리가 박히고 터가 굳어져서

갈 2:20　내가 그리스도와 함께 십자가에 못 박혔나니 그런즉 이제는 내가 사는 것이 아니요 오직 내 안에 그리스도께서 사시는 것이라 이제 내가 육체 가운데 사는 것은 나를 사랑하사 나를 위하여 자기 자신을 버리신 하나님의 아들을 믿는 믿음 안에서 사는 것이라

36. 예수님을 믿으면 어떻게 됩니까?

답 우리는 여전히 죄인이지만 하나님께서는 예수님 때문에 우리를 의롭다고 인정해 주십니다(롬 3:22, 갈 2:16, 빌 3:9).

롬 3:22　곧 예수 그리스도를 믿음으로 말미암아 모든 믿는 자에게 미치는 하나님의 의니 차별이 없느니라

갈 2:16　사람이 의롭게 되는 것은 율법의 행위로 말미암음이 아니요 오직 예수 그리스도를 믿음으로 말미암는 줄 알므로 우리도 그리스도 예수를 믿나니 이는 우리가 율법의 행위로써가 아니고 그리스도를 믿음으로써 의롭다 함을 얻으려 함이라 율법의 행위로써는 의롭다 함을 얻을 육체가 없느니라

빌 3:9　그 안에서 발견되려 함이니 내가 가진 의는 율법에서 난 것이 아니요 오직 그리스도를 믿음으로 말미암은 것이니 곧 믿음으로 하나님께로부터 난 의라

37. 예수님을 믿으면 우리는 어떻게 변화됩니까?

답 하나님 사랑과 이웃 사랑이 점점 자라서 예수님을 닮게 됩니다(엡 3:15-16, 골 1:10-11).

엡 3:15-16 이름을 주신 아버지 앞에 무릎을 꿇고 비노니 그의 영광의 풍성함을 따라 그의 성령으로 말미암아 너희 속사람을 능력으로 강건하게 하시오며

골 1:10-11 주께 합당하게 행하여 범사에 기쁘시게 하고 모든 선한 일에 열매를 맺게 하시며 하나님을 아는 것에 자라게 하시고 그의 영광의 힘을 따라 모든 능력으로 능하게 하시며 기쁨으로 모든 견딤과 오래 참음에 이르게 하시고

38. 구원의 완성은 무엇입니까?

답 우리 몸과 영혼이 머리이신 그리스도와 완전한 연합을 이루는 것입니다. 그로 인해 머리이신 그리스도처럼 변화되는 것입니다. 신령한 몸으로 변화되어 영원히 주님과 사는 것입니다(고전 15:44, 51, 빌 3:21).

고전 15:44 육의 몸으로 심고 신령한 몸으로 다시 살아나나니 육의 몸이 있은즉 또 영의 몸도 있느니라

고전 15:51 보라 내가 너희에게 비밀을 말하노니 우리가 다 잠 잘 것이 아니요 마지막 나팔에 순식간에 홀연히 다 변화되리니

빌 3:21 그는 만물을 자기에게 복종하게 하실 수 있는 자의 역사로 우리의 낮은 몸을 자기 영광의 몸의 형체와 같이 변하게 하시리라

39. 하나님(성부), 그리스도(성자), 성령은 어떤 관계입니까?

답 성부와 성자와 성령은 세 인격으로 계시는 한 분 하나님이십니다. 우리는 한 분이신 하나님을 언제나 세 인격이신 성부와 성자와 성령 하나님으로 만납니다. 성부와 성자와 성령은 함께 계시고 함께 구원의 일을 하십니다. 성경이 이 사실을 알려 줍니다(롬 9:5, 요 10:30, 엡 4:6, 고후 13:13).

롬 9:5 조상들도 그들의 것이요 육신으로 하면 그리스도가 그들에게서 나셨으니 그는 만물 위에 계셔서 세세에 찬양을 받으실 하나님이시니라 아멘

요 10:30 나와 아버지는 하나이니라 하신대

엡 4:6 하나님도 한 분이시니 곧 만유의 아버지시라 만유 위에 계시고 만유를 통일하시고 만유 가운데 계시도다

고후 13:13 주 예수 그리스도의 은혜와 하나님의 사랑과 성령의 교통하심이 너희 무리와 함께 있을지어다

40. 성경은 어떤 책입니까?

답 하나님의 말씀입니다(딤후 3:16, 벧후 1:21).

딤후 3:16 모든 성경은 하나님의 감동으로 된 것으로 교훈과 책망과 바르게 함과 의로 교육하기에 유익하니

벧후 1:21 예언은 언제든지 사람의 뜻으로 낸 것이 아니요 오직 성령의 감동하심을 받은 사람들이 하나님께 받아 말한 것임이라

41. 성경은 왜 필요합니까?

답 성경은 어떻게 구원을 받고, 구원받은 하나님의 자녀가 교회와 세상에서 어떻게 살아야 하는지를 가르칩니다. 그러므로 성경은 평생 읽고 듣고 배워야 할 책입니다(엡 2:8, 20, 히 13:7, 딤전 4:13, 계 1:3).

엡 2:8 너희는 그 은혜에 의하여 믿음으로 말미암아 구원을 받았으니 이것은 너희에게서 난 것이 아니요 하나님의 선물이라

엡 2:20 너희는 사도들과 선지자들의 터 위에 세우심을 입은 자라 그리스도 예수께서 친히 모퉁잇돌이 되셨느니라

히 13:7 하나님의 말씀을 너희에게 일러 주고 너희를 인도하던 자들을 생각하며 그들의 행실의 결말을 주의하여 보고 그들의 믿음을 본받으라

딤전 4:13 내가 이를 때까지 읽는 것과 권하는 것과 가르치는 것에 전념하라

계 1:3 이 예언의 말씀을 읽는 자와 듣는 자와 그 가운데에 기록한 것을 지키는 자는 복이 있나니 때가 가까움이라

42. 성경의 핵심 내용은 무엇입니까?

답 성경의 핵심 내용은 예수님입니다. 구약성경(39권)은 오실 그리스도에 대한 증언이고 신약성경(27권)은 오신 그리스도와 장차 오실 그리스도에 대한 증언입니다(롬 10:4, 요 5:39).

롬 10:4 그리스도는 모든 믿는 자에게 의를 이루기 위하여 율법의 마침이 되시니라

요 5:39 너희가 성경에서 영생을 얻는 줄 생각하고 성경을 연구하거니와 이 성경이 곧 내게 대하여 증언하는 것이니라

43. 교회는 어떤 곳입니까?

답 예수님을 주님으로 믿는 사람들의 공동체이며 모임입니다. 교회는 하나님의 백성이며, 그리스도의 몸이며 성령님의 성전입니다(딤후 2:19, 엡 1:23, 고전 6:19).

딤후 2:19 그러나 하나님의 견고한 터는 섰으니 인침이 있어 일렀으되 주께서 자기 백성을 아신다 하며 또 주의 이름을 부르는 자마다 불의에서 떠날지어다 하였느니라

엡 1:23 교회는 그의 몸이니 만물 안에서 만물을 충만하게 하시는 이의 충만함이니라

고전 6:19 너희 몸은 너희가 하나님께로부터 받은 바 너희 가운데 계신 성령의 전인 줄을 알지 못하느냐 너희는 너희 자신의 것이 아니라

44. 많은 교회가 어떻게 그리스도의 한 몸이 될 수 있습니까?

답 우리가 믿는 주 예수 그리스도가 한 분이시기에, 모든 그리스도인은 인종, 민족, 문화, 성별 등의 차이를 넘어서서 하나의 교회에 속합니다(행 7:38, 고전 1:2, 히 12:22-23, 엡 1:10, 요 11:50).

행 7:38 시내 산에서 말하던 그 천사와 우리 조상들과 함께 광야 교회에 있었고 또 살아 있는 말씀을 받아 우리에게 주던 자가 이 사람이라

고전 1:2 고린도에 있는 하나님의 교회 곧 그리스도 예수 안에서 거룩하여지고 성도라 부르심을 받은 자들과 또 각처에서 우리의 주 곧 그들과 우리의 주 되신 예수 그리스도의 이름을 부르는 모든 자들에게

히 12:22-23 그러나 너희가 이른 곳은 시온 산과 살아 계신 하나님의 도성인 하늘의 예루살렘과 천만 천사와 하늘에 기록된 장자들의 모임과 교회와 만민의 심판자이신 하나님과 및 온전하게 된 의인의 영들과

엡 1:10 하늘에 있는 것이나 땅에 있는 것이 다 그리스도 안에서 통일되게 하려 하심이라

요 11:50 한 사람이 백성을 위하여 죽어서 온 민족이 망하지 않게 되는 것이 너희에게 유익한 줄을 생각하지 아니하는도다 하였으니

45. 우리 교회가 속해 있는 장로교회의 특징은 무엇입니까?

답 장로교회는 성경적이며 복음적인 신앙을 추구하고 교회 일치를 힘씁니다. 구원

에 있어서 하나님의 전적인 주권과 은혜, 인간의 죄성, 그리스도 안에서 신자의 인격 변화를 강조합니다. 칼뱅을 비롯한 종교개혁자들의 신학과 전통을 따르는 교회입니다(딤전 3:15, 엡 2:1, 골 2:19).

딤전 3:15 만일 내가 지체하면 너로 하여금 하나님의 집에서 어떻게 행하여야 할지를 알게 하려 함이니 이 집은 살아 계신 하나님의 교회요 진리의 기둥과 터니라

엡 2:1 그는 허물과 죄로 죽었던 너희를 살리셨도다

골 2:19 머리를 붙들지 아니하는지라 온 몸이 머리로 말미암아 마디와 힘줄로 공급함을 받고 연합하여 하나님이 자라게 하시므로 자라느니라

46. 장로교회 안에는 어떤 직분이 있습니까?

답 목사, 장로, 권사, 집사가 있습니다. 목사의 주요 책임은 설교와 가르침입니다. 목사는 예수 그리스도의 복음을 선포하고, 성례를 집전하고 교인을 돌봅니다. 장로의 주요 책임은 성도의 신앙생활을 살피는 것입니다. 권사와 집사의 주요 책임은 선교, 봉사, 구제입니다. 그렇지만 직분과 상관없이 모든 장로교회 교인은 교회 안에서뿐만 아니라 세상 속에서도 자신과 가족과 이웃과 자연을 섬기고 보살피는 제사장의 역할을 해야 합니다(엡 4:11, 행 14:23, 딤전 3:10, 계 5:10).

엡 4:11 그가 어떤 사람은 사도로, 어떤 사람은 선지자로, 어떤 사람은 복음 전하는 자로, 어떤 사람은 목사와 교사로 삼으셨으니

행 14:23 각 교회에서 장로들을 택하여 금식 기도 하며 그들이 믿는 주께 그들을 위탁하고

딤전 3:10 이에 이 사람들을 먼저 시험하여 보고 그 후에 책망할 것이 없으면 집사의 직분을 맡게 할 것이요

계 5:10 그들로 우리 하나님 앞에서 나라와 제사장들을 삼으셨으니 그들이 땅에서 왕 노릇 하리로다 하더라

47. 교회의 회원이 되려면 어떻게 해야 합니까?

답 예수님을 주님으로 믿는 자는 누구든지 교회의 회원(원입교인)이 될 수 있습니다(마 16:16, 18).

마 16:16 시몬 베드로가 대답하여 이르되 주는 그리스도시요 살아 계신 하나님의 아들이시니이다

마 16:18 또 내가 네게 이르노니 너는 베드로라 내가 이 반석 위에 내 교회를 세우리니 음부

의 권세가 이기지 못하리라

48. 예수님을 믿으면 자동으로 교회의 회원이 됩니까?

답 예수님을 마음으로 믿어 입으로 시인해야 합니다(롬 10:10). 우리는 믿음의 고백을 하고 세례를 받아 교회의 회원(세례교인)이 됩니다(마 28:19, 행 2:38, 골 2:12).

롬 10:10 사람이 마음으로 믿어 의에 이르고 입으로 시인하여 구원에 이르느니라

마 28:19 그러므로 너희는 가서 모든 민족을 제자로 삼아 아버지와 아들과 성령의 이름으로 세례를 베풀고

행 2:38 베드로가 이르되 너희가 회개하여 각각 예수 그리스도의 이름으로 세례를 받고 죄 사함을 받으라 그리하면 성령의 선물을 받으리니

골 2:12 너희가 세례로 그리스도와 함께 장사되고 또 죽은 자들 가운데서 그를 일으키신 하나님의 역사를 믿음으로 말미암아 그 안에서 함께 일으키심을 받았느니라

49. 세례를 받은 후에는 교회에 출석하지 않아도 됩니까?

답 아닙니다. 세례는 시작입니다. 매 주일 예배에 참석하여 말씀을 배우며 믿음의 성장과 완성을 위해 힘을 써야 합니다(행 2:46, 히 10:25).

행 2:46 날마다 마음을 같이하여 성전에 모이기를 힘쓰고 집에서 떡을 떼며 기쁨과 순전한 마음으로 음식을 먹고

히 10:25 모이기를 폐하는 어떤 사람들의 습관과 같이 하지 말고 오직 권하여 그 날이 가까움을 볼수록 더욱 그리하자

50. 하나님을 믿고 예수님을 구주로 고백하는 사람도 꼭 교회에 가야 합니까?

답 하나님을 아버지로 믿는 사람에게 교회는 어머니가 됩니다. 하나님을 믿고 예수님을 구주로 고백하는 것은 그리스도인으로 새롭게 태어난 아이와 같습니다. 태어난 아이가 성인이 되기까지 어머니의 돌봄과 양육을 필수적으로 받아야 하는 것처럼, 새로 태어난 그리스도인도 어머니 역할을 하는 교회의 돌봄과 양육을 받아야 합니다(갈 5:26, 요일 2:19).

갈 5:26 헛된 영광을 구하여 서로 노엽게 하거나 서로 투기하지 말지니라

요일 2:19 그들이 우리에게서 나갔으나 우리에게 속하지 아니하였나니 만일 우리에게 속하였

더라면 우리와 함께 거하였으려니와 그들이 나간 것은 다 우리에게 속하지 아니함을 나타내려 함이니라

51. 예배란 무엇입니까?

답 예배는 하나님과 그의 자녀가 공적으로 만나는 자리입니다. 매 주일 정해진 장소와 시간에 모여 주님을 찬양하며 기도하고 주님의 말씀과 성례전에 참여하고 주님이 주시는 은혜와 복을 받아 세상으로 보내집니다(시 5:7, 132:7, 요 4:23).

시 5:7 오직 나는 주의 풍성한 사랑을 힘입어 주의 집에 들어가 주를 경외함으로 성전을 향하여 예배하리이다

시 132:7 우리가 그의 계신 곳으로 들어가서 그의 발등상 앞에서 엎드려 예배하리로다

요 4:23 아버지께 참되게 예배하는 자들은 영과 진리로 예배할 때가 오나니 곧 이 때라 아버지께서는 자기에게 이렇게 예배하는 자들을 찾으시느니라

52. 헌금(봉헌)은 무엇입니까?

답 헌금(봉헌)은 우리가 가진 것 가운데 구별하여 하나님께 드리는 것입니다. 헌금은 우리의 물질뿐 아니라 시간과 능력, 모든 것이 하나님에게서 왔다는 믿음의 표현입니다(고후 8:5; 9:7-8).

고후 8:5 우리가 바라던 것뿐 아니라 그들이 먼저 자신을 주께 드리고 또 하나님의 뜻을 따라 우리에게 주었도다

고후 9:7-8 각각 그 마음에 정한 대로 할 것이요 인색함으로나 억지로 하지 말지니 하나님은 즐겨 내는 자를 사랑하시느니라 하나님이 능히 모든 은혜를 너희에게 넘치게 하시나니 이는 너희로 모든 일에 항상 모든 것이 넉넉하여 모든 착한 일을 넘치게 하게 하려 하심이라

53. 예배 외에 교회가 해야 하는 일은 무엇이 있습니까?

답 1. 교육하고 배우는 것입니다. 예수님이 제자들을 가르치신 것처럼 가르치는 일에 전념해야 합니다(딤전 4:13). 그리스도를 믿는 것과 아는 일에 하나가 되어 그리스도의 장성한 분량까지 자라가야 합니다(엡 4:13). 2. 성도의 교제입니다. 그리스도를 머리로 한 모든 지체는 서로 도움을 주고받으면서 몸인 교회를 세웁니다(엡 4:16). 3. 봉사입니다. 예수님이 섬김을 받으러 세상에 오신 것이 아니라, 섬기러 오셨다고 하신 것처럼 교회는 세상을 섬기기 위해 존재합니다. 성도는 교회

안과 밖의 도움이 필요한 사람을 섬기는 일을 해야 합니다(마 9:35). 4. 선교입니다. 예수님은 천국 복음을 전파하셨고, 제자들에게 모든 민족을 제자로 삼으라 하셨습니다(마 28:19). 성도는 교회를 통해서 행해지는 선교 사역에 적극 동참해야 합니다.

딤전 4:13 내가 이를 때까지 읽는 것과 권하는 것과 가르치는 것에 전념하라

엡 4:13 우리가 다 하나님의 아들을 믿는 것과 아는 일에 하나가 되어 온전한 사람을 이루어 그리스도의 장성한 분량이 충만한 데까지 이르리니

엡 4:16 그에게서 온 몸이 각 마디를 통하여 도움을 받음으로 연결되고 결합되어 각 지체의 분량대로 역사하여 그 몸을 자라게 하며 사랑 안에서 스스로 세우느니라

마 9:35 예수께서 모든 도시와 마을에 두루 다니사 그들의 회당에서 가르치시며 천국 복음을 전파하시며 모든 병과 모든 약한 것을 고치시니라

마 28:19 그러므로 너희는 가서 모든 민족을 제자로 삼아 아버지와 아들과 성령의 이름으로 세례를 베풀고

VI. 성례

54. 성례가 무엇입니까?

답 성례는 교회가 행하는 거룩한 예식이며, 세례와 성찬이 있습니다. 성례는 주님이 명령하셨기 때문에 성도는 순종하여 참여해야 합니다(마 28:19, 고전 11:24-25).

마 28:19 그러므로 너희는 가서 모든 민족을 제자로 삼아 아버지와 아들과 성령의 이름으로 세례를 베풀고

고전 11:24-25 축사하시고 떼어 이르시되 이것은 너희를 위하는 내 몸이니 이것을 행하여 나를 기념하라 하시고 식후에 또한 그와 같이 잔을 가지시고 이르시되 이 잔은 내 피로 세운 새 언약이니 이것을 행하여 마실 때마다 나를 기념하라 하셨으니

55. 세례는 무엇입니까?

답 세례는 물을 사용해서 성부와 성자와 성령의 이름으로 베푸는 교회의 예식입니다(마 3:16; 28:19, 행 8:36).

마 3:16 예수께서 세례를 받으시고 곧 물에서 올라오실새 하늘이 열리고 하나님의 성령이 비둘기 같이 내려 자기 위에 임하심을 보시더니

마 28:19 그러므로 너희는 가서 모든 민족을 제자로 삼아 아버지와 아들과 성령의 이름으로 세례를 베풀고

행 8:36 길 가다가 물 있는 곳에 이르러 그 내시가 말하되 보라 물이 있으니 내가 세례를 받음에 무슨 거리낌이 있느냐

56. 세례를 받는다는 것에는 어떤 의미가 있습니까?

답 다섯 가지 의미가 있습니다. 첫째, 하나님께서 우리의 모든 죄를 없애시고 잊으셨으며(막 1:4, 딛 3:5), 둘째, 우리가 구원을 받았으며(막 16:16), 셋째, 그리스도와 함께 죽고 함께 부활했으며(롬 6:3-5, 골 2:12), 넷째, 그리스도의 은혜의 선물을 누리며, 다섯째, 그리스도의 몸인 공동체에 소속되었다는 확증과 보증을 의미합니다.

막 1:4 세례 요한이 광야에 이르러 죄 사함을 받게 하는 회개의 세례를 전파하니

딛 3:5 우리를 구원하시되 우리가 행한 바 의로운 행위로 말미암지 아니하고 오직 그의 긍휼하심을 따라 중생의 씻음과 성령의 새롭게 하심으로 하셨나니

막 16:16 믿고 세례를 받는 사람은 구원을 얻을 것이요 믿지 않는 사람은 정죄를 받으리라

롬 6:3-5 무릇 그리스도 예수와 합하여 세례를 받은 우리는 그의 죽으심과 합하여 세례를 받은 줄을 알지 못하느냐 그러므로 우리가 그의 죽으심과 합하여 세례를 받음으로 그와 함께 장사되었나니 이는 아버지의 영광으로 말미암아 그리스도를 죽은 자 가운데서 살리심과 같이 우리로 또한 새 생명 가운데서 행하게 하려 함이라 만일 우리가 그의 죽으심과 같은 모양으로 연합한 자가 되었으면 또한 그의 부활과 같은 모양으로 연합한 자도 되리라

골 2:12 너희가 세례로 그리스도와 함께 장사되고 또 죽은 자들 가운데서 그를 일으키신 하나님의 역사를 믿음으로 말미암아 그 안에서 함께 일으키심을 받았느니라

57. 세례는 어떤 사람이 받습니까?

답 예수님을 구주로 믿고 고백한 사람이 받습니다(마 19:14, 행 16:33, 고전 1:16). 또한 유아는 신자인 부모님의 신앙고백으로 세례를 받을 수 있습니다.

마 19:14 예수께서 이르시되 어린 아이들을 용납하고 내게 오는 것을 금하지 말라 천국이 이런 사람의 것이니라 하시고

행 16:33 그 밤 그 시각에 간수가 그들을 데려다가 그 맞은 자리를 씻어 주고 자기와 그 온

가족이 다 세례를 받은 후

고전 1:16 내가 또한 스데바나 집 사람에게 세례를 베풀었고 그 외에는 다른 누구에게 세례를 베풀었는지 알지 못하노라

58. 입교란 무엇입니까?

답 부모님의 신앙고백으로 유아세례를 받았던 사람이 청소년이 되어 교회와 성도들 앞에서 자신의 믿음을 고백하고(고후 13:5) 교회의 정식 회원이 되는 것입니다. 유아세례는 그리스도와의 연합을 뜻하며, 우리가 하나님께 사랑과 믿음으로 응답하기 이전에도 우리를 사랑하신다는 약속입니다. 입교는 분별할 수 있는 나이가 되었을 때, 이러한 하나님의 약속이 사실이며 유효한 것이었음을 자신의 믿음으로 교회와 성도들 앞에서 고백하는 것이며, 동시에 우리가 속한 교회의 신앙을 선언하는 것입니다.

고후 13:5 너희는 믿음 안에 있는가 너희 자신을 시험하고 너희 자신을 확증하라 예수 그리스도께서 너희 안에 계신 줄을 너희가 스스로 알지 못하느냐 그렇지 않으면 너희는 버림 받은 자니라

59. 입교자에게는 어떠한 변화가 생깁니까?

답 지금까지는 부모님의 신앙에 의지해서 살았다면, 이제는 스스로의 신앙에 책임지는 독자적 신앙인이 되고, 교회의 정식 회원(구성원)이 됩니다. 이제부터 입교인은 교회출석 및 교인으로서의 책임을 다하며 세상에서는 그리스도의 제자로서 살아야 합니다(벧전 2:9). 18세부터는 교회의 중요한 의사를 결정하는 공동의회에 참여하게 됩니다.

벧전 2:9 그러나 너희는 택하신 족속이요 왕 같은 제사장들이요 거룩한 나라요 그의 소유가 된 백성이니 이는 너희를 어두운 데서 불러 내어 그의 기이한 빛에 들어가게 하신 이의 아름다운 덕을 선포하게 하려 하심이라

60. 성찬은 무엇입니까?

답 성찬은 그리스도께서 최후의 만찬에서 제정하신 성례입니다. 주님은 떡과 포도주를 먹음으로써 자신을 기념하라고 하셨습니다. 그리고 성찬에 성령으로 임재하십니다. 성찬은 세례받은 신자의 영적인 성장을 위해 필요합니다(고전 11:24-25).

고전 11:24-25 축사하시고 떼어 이르시되 이것은 너희를 위하는 내 몸이니 이것을 행하여 나를 기념하라 하시고 식후에 또한 그와 같이 잔을 가지시고 이르시되 이 잔은 내 피로 세운 새 언약이니 이것을 행하여 마실 때마다 나를 기념하라 하셨으니

61. 그리스도께서 성찬에 영적으로 임재하신다면, 성찬은 우리와 그리스도를 연합하게 하는 것이 되겠군요?

답 우리는 성찬에서 그리스도의 몸과 피를 먹고 마심으로써, 그리스도와 연합하여 하나가 됩니다. 또한 함께 먹고 마신 모든 성도와도 연합하여 하나가 됩니다(고전 10:16-17).

고전 10:16-17 우리가 축복하는 바 축복의 잔은 그리스도의 피에 참여함이 아니며 우리가 떼는 떡은 그리스도의 몸에 참여함이 아니냐 떡이 하나요 많은 우리가 한 몸이니 이는 우리가 다 한 떡에 참여함이라

62. 성찬에 참여하려면 어떻게 해야 합니까?

답 자신에게 어떤 죄가 있는지 살펴 회개하고, 예수님의 몸과 피를 받을 준비를 해야 합니다(고전 11:28-29).

고전 11:28-29 사람이 자기를 살피고 그 후에야 이 떡을 먹고 이 잔을 마실지니 주의 몸을 분별하지 못하고 먹고 마시는 자는 자기의 죄를 먹고 마시는 것이니라

Ⅶ. 하나님 나라 백성의 삶

63. 하나님 나라는 무엇입니까?

답 하나님 나라는 하나님께서 다스리시는 나라입니다. 하나님 나라는 교회뿐만 아니라 가정, 사회, 온 세상에서 이루어집니다(막 1:1, 15, 마 6:10, 고전 6:10, 고후 1:5).

막 1:1 하나님의 아들 예수 그리스도의 복음의 시작이라

막 1:15 이르시되 때가 찼고 하나님의 나라가 가까이 왔으니 회개하고 복음을 믿으라 하시더라

마 6:10 나라가 임하시오며 뜻이 하늘에서 이루어진 것 같이 땅에서도 이루어지이다

고전 6:10 도적이나 탐욕을 부리는 자나 술 취하는 자나 모욕하는 자나 속여 빼앗는 자들은 하나님의 나라를 유업으로 받지 못하리라

고후 1:5 그리스도의 고난이 우리에게 넘친 것 같이 우리가 받는 위로도 그리스도로 말미암아 넘치는도다

64. 우리는 하나님 나라의 백성으로 교회와 세상에서 어떻게 살아야 합니까?

답 우리는 교회뿐만 아니라, 세상 속에서도 하나님의 백성으로 살아가야 합니다. 세상의 질서와 도덕을 지킬 뿐만 아니라, 자신의 행동과 삶을 통하여 하나님의 사랑과 정의가 세상에 이루어지도록 해야 합니다(빌 2:15, 고전 14:12, 마 5:13).

빌 2:15 이는 너희가 흠이 없고 순전하여 어그러지고 거스르는 세대 가운데서 하나님의 흠 없는 자녀로 세상에서 그들 가운데 빛들로 나타내며

고전 14:12 그러므로 너희도 영적인 것을 사모하는 자인즉 교회의 덕을 세우기 위하여 그것이 풍성하기를 구하라

마 5:13 너희는 세상의 소금이니 소금이 만일 그 맛을 잃으면 무엇으로 짜게 하리요 후에는 아무 쓸 데 없어 다만 밖에 버려져 사람에게 밟힐 뿐이니라

65. 하나님 나라의 백성으로서 가정에서의 삶은 어떠해야 합니까?

답 주님 안에서 부모님을 공경하고 사랑하며, 형제 자매간에 우애가 있어야 합니다(엡 6:2, 잠 17:1).

엡 6:2 네 아버지와 어머니를 공경하라 이것은 약속이 있는 첫 계명이니

잠 17:1 마른 떡 한 조각만 있고도 화목하는 것이 제육이 집에 가득하고도 다투는 것보다 나으니라

66. 이웃과는 어떤 관계를 맺어야 합니까?

답 예수님은 이웃을 내 몸처럼 사랑하라고 하셨습니다. 그러므로 우리는 이웃을 사랑하고 그들과 평화롭게 지내야 합니다. 또한 믿지 않는 이웃을 주님께로 인도해야 합니다(눅 10:37, 롬 14:18).

눅 10:37 이르되 자비를 베푼 자니이다 예수께서 이르시되 가서 너도 이와 같이 하라 하시니라

롬 14:18 이로써 그리스도를 섬기는 자는 하나님을 기쁘시게 하며 사람에게도 칭찬을 받느니라

67. 국가를 어떻게 대해야 합니까?

답 국가의 법과 질서에 순종하고, 국민의 의무를 다하고, 국가와 지도자를 위해서 기도하며, 국가에 하나님 나라가 이루어지도록 노력해야 합니다(롬 13:1-2, 벧전 2:13-14).

롬 13:1-2 각 사람은 위에 있는 권세들에게 복종하라 권세는 하나님으로부터 나지 않음이 없나니 모든 권세는 다 하나님께서 정하신 바라 그러므로 권세를 거스르는 자는 하나님의 명을 거스름이니 거스르는 자들은 심판을 자취하리라

벧전 2:13-14 인간의 모든 제도를 주를 위하여 순종하되 혹은 위에 있는 왕이나 혹은 그가 악행하는 자를 징벌하고 선행하는 자를 포상하기 위하여 보낸 총독에게 하라

68. 시간과 물질은 어떻게 사용해야 합니까?

답 시간과 물질을 하나님을 기쁘시게 하는 일에 지혜롭게 사용하며, 무엇보다 세상을 이롭게 하는 데 사용해야 합니다(마 25:23, 엡 5:16).

마 25:23 그 주인이 이르되 잘하였도다 착하고 충성된 종아 네가 적은 일에 충성하였으매 내가 많은 것을 네게 맡기리니 네 주인의 즐거움에 참여할지어다 하고

엡 5:16 세월을 아끼라 때가 악하니라

69. 자연을 어떻게 대해야 합니까?

답 하나님께서 창조하신 세계를 사랑하고 보살피고 보전하기 위해 힘써야 합니다(창 2:15, 롬 8:19-22).

창 2:15 여호와 하나님이 그 사람을 이끌어 에덴 동산에 두어 그것을 경작하며 지키게 하시고

롬 8:19-22 피조물이 고대하는 바는 하나님의 아들들이 나타나는 것이니 피조물이 허무한 데 굴복하는 것은 자기 뜻이 아니요 오직 굴복하게 하시는 이로 말미암음이라 그 바라는 것은 피조물도 썩어짐의 종 노릇 한 데서 해방되어 하나님의 자녀들의 영광의 자유에 이르는 것이니라 피조물이 다 이제까지 함께 탄식하며 함께 고통을 겪고 있는 것을 우리가 아느니라

70. 하나님 나라의 백성으로서 그리스도인은 무엇을 희망하며 살아야 합니까?

답 하나님 나라가 하늘에서와 같이 땅에서도 이루어지기를 기도하며, 동시에 장차 그리스도의 재림을 통한 완전한 구원을 희망하고, 그리스도인으로서의 삶을 살아야 합니다(마 6:10, 살전 4:13-17, 고후 4:11, 롬 6:13, 고전 6:7).

마 6:10 나라가 임하시오며 뜻이 하늘에서 이루어진 것 같이 땅에서도 이루어지이다

살전 4:13-17 형제들아 자는 자들에 관하여는 너희가 알지 못함을 우리가 원하지 아니하노니 이는 소망 없는 다른 이와 같이 슬퍼하지 않게 하려 함이라 우리가 예수께서 죽으셨다가 다시 살아나심을 믿을진대 이와 같이 예수 안에서 자는 자들도 하나님이 그와 함께 데리고 오시리라 우리가 주의 말씀으로 너희에게 이것을 말하노니 주께서 강림하실 때까지 우리 살아 남아 있는 자도 자는 자보다 결코 앞서지 못하리라 주께서 호령과 천사장의 소리와 하나님의 나팔 소리로 친히 하늘로부터 강림하시리니 그리스도 안에서 죽은 자들이 먼저 일어나고 그 후에 우리 살아 남은 자들도 그들과 함께 구름 속으로 끌어 올려 공중에서 주를 영접하게 하시리니 그리하여 우리가 항상 주와 함께 있으리라

고후 4:11 우리 살아 있는 자가 항상 예수를 위하여 죽음에 넘겨짐은 예수의 생명이 또한 우리 죽을 육체에 나타나게 하려 함이라

롬 6:13 또한 너희 지체를 불의의 무기로 죄에게 내주지 말고 오직 너희 자신을 죽은 자 가운데서 다시 살아난 자 같이 하나님께 드리며 너희 지체를 의의 무기로 하나님께 드리라

고전 6:7 너희가 피차 고발함으로 너희 가운데 이미 뚜렷한 허물이 있나니 차라리 불의를 당하는 것이 낫지 아니하며 차라리 속는 것이 낫지 아니하냐

V

세례문답의 예

세례문답의 예
(『21세기 대한예수교장로회 교리문답』에 기초)

I. 성경에 대하여

1. 나는 어떻게 살아야 합니까?

답 나는 하나님께 영광을 돌리며 하나님을 영원히 즐거워해야 합니다(사 43:21, 롬 11:36, 고전 10:31, 엡 1:6).

> 사 43:21 이 백성은 내가 나를 위하여 지었나니 나를 찬송하게 하려 함이니라
>
> 롬 11:36 이는 만물이 주에게서 나오고 주로 말미암고 주에게로 돌아감이라 그에게 영광이 세세에 있을지어다 아멘
>
> 고전 10:31 그런즉 너희가 먹든지 마시든지 무엇을 하든지 다 하나님의 영광을 위하여 하라
>
> 엡 1:6 이는 그가 사랑하시는 자 안에서 우리에게 거저 주시는 바 그의 은혜의 영광을 찬송하게 하려는 것이라

2. 나는 어떻게 하나님께 영광을 돌리며 하나님을 영원히 즐거워할 수 있습니까?

답 하나님의 말씀인 성경을 통해서입니다. 성경은 성령님의 영감을 받아 기록되었으며, 구약 39권과 신약 27권을 합한 66권으로 되어 있습니다. 하나님의 말씀인 성경을 따라 살아갈 때 나는 하나님께 영광을 돌리며, 하나님을 영원히 즐거워할 수 있습니다(딤후 3:16, 벧후 1:21).

딤후 3:16 모든 성경은 하나님의 감동으로 된 것으로 교훈과 책망과 바르게 함과 의로 교육하기에 유익하니

벧후 1:21 예언은 언제든지 사람의 뜻으로 낸 것이 아니요 오직 성령의 감동하심을 받은 사람들이 하나님께 받아 말한 것임이라

3. 구약과 신약의 차이점과 연속성은 무엇입니까?

답 구약은 예수님이 오실 것이라고 약속하고 고대하며, 신약은 약속된 예수님이 오셨으며, 또 앞으로 오실 것이라고 알려주며 새 하늘과 새 땅을 바라보게 합니다(눅 24:27, 44, 벧후 3:13).

눅 24:27 이에 모세와 모든 선지자의 글로 시작하여 모든 성경에 쓴 바 자기에 관한 것을 자세히 설명하시니라

눅 24:44 또 이르시되 내가 너희와 함께 있을 때에 너희에게 말한 바 곧 모세의 율법과 선지자의 글과 시편에 나를 가리켜 기록된 모든 것이 이루어져야 하리라 한 말이 이것이라 하시고

벧후 3:13 우리는 그의 약속대로 의가 있는 곳인 새 하늘과 새 땅을 바라보도다

4. 성경의 주된 가르침은 무엇입니까?

답 성경의 중심 내용은 예수님입니다. 성경은 하나님에 대해 무엇을 믿어야 하며 하나님께서 사람에게 요구하시는 것이 무엇인지 가르쳐 줍니다(요 5:39, 딤후 3:15-17, 미 6:8).

요 5:39 너희가 성경에서 영생을 얻는 줄 생각하고 성경을 연구하거니와 이 성경이 곧 내게 대하여 증언하는 것이니라

딤후 3:15-17 또 어려서부터 성경을 알았나니 성경은 능히 너로 하여금 그리스도 예수 안에 있는 믿음으로 말미암아 구원에 이르는 지혜가 있게 하느니라 모든 성경은 하나님의 감동으로 된 것으로 교훈과 책망과 바르게 함과 의로 교육하기에 유익하니 이는 하나님의 사람으로 온전하게 하며 모든 선한 일을 행할 능력을 갖추게 하려 함이라

미 6:8 사람아 주께서 선한 것이 무엇임을 네게 보이셨나니 여호와께서 네게 구하시는 것은 오직 정의를 행하며 인자를 사랑하며 겸손하게 네 하나님과 함께 행하는 것이 아니냐

5. 성경 66권을 외우고 분류하세요.

구분	분류			권수	책명
구약	율법서			5	창세기, 출애굽기, 레위기, 민수기, 신명기
	역사서			12	여호수아, 사사기, 룻기, 사무엘상, 사무엘하, 열왕기상, 열왕기하, 역대상, 역대하, 에스라, 느헤미야, 에스더
	성문서(시가서)			5	욥기, 시편, 잠언, 전도서, 아가서
	예언서	대예언서		5	이사야, 예레미야, 예레미야애가, 에스겔, 다니엘
		소예언서		12	호세아, 요엘, 아모스, 오바댜, 요나, 미가, 나훔, 하박국, 스바냐, 학개, 스가랴, 말라기
신약	복음서			4	마태복음, 마가복음, 누가복음, 요한복음
	역사서			1	사도행전
	서신서	바울서신	교리서신	6	로마서, 고린도전서, 고린도후서, 갈라디아서, 데살로니가전서, 데살로니가후서
			옥중서신	4	에베소서, 빌립보서, 골로새서, 빌레몬서
			목회서신	3	디모데전서, 디모데후서, 디도서
		공동서신		8	히브리서, 야고보서, 베드로전서, 베드로후서, 요한1서, 요한2서, 요한3서, 유다서
	예언서(묵시서)			1	요한계시록

6. 성경 말씀이 어떻게 하나님의 은혜의 통로가 됩니까?

답 성경은 예수님을 우리에게 증언합니다. 성령님이 내가 성경을 읽고 설교를 들을 때 하나님 말씀으로 받아들여, 죄를 깨닫고 위로와 소망을 얻어 말씀에 따라 살게 하십니다(요 14:26; 16:8).

> 요 14:26 보혜사 곧 아버지께서 내 이름으로 보내실 성령 그가 너희에게 모든 것을 가르치고 내가 너희에게 말한 모든 것을 생각나게 하리라
>
> 요 16:8 그가 와서 죄에 대하여, 의에 대하여, 심판에 대하여 세상을 책망하시리라

7. 성경은 어떻게 읽고 들어야 합니까?

답 성령님이 깨닫게 해 주셔야 내가 성경을 이해할 수 있고, 성령님이 확증해 주셔야 내가 성경을 하나님의 말씀으로 받아 순종할 수 있습니다. 나는 '성령님, 말씀하옵소서, 제가 듣겠습니다.'라고 기도하며 성경을 읽고 듣고 실천해야 합니다(삼상

3 : 10, 벧전 2 : 2, 약 1 : 21-22).

삼상 3:10 여호와께서 임하여 서서 전과 같이 사무엘아 사무엘아 부르시는지라 사무엘이 이르되 말씀하옵소서 주의 종이 듣겠나이다 하니

벧전 2:2 갓난 아기들 같이 순전하고 신령한 젖을 사모하라 이는 그로 말미암아 너희로 구원에 이르도록 자라게 하려 함이라

약 1:21-22 그러므로 모든 더러운 것과 넘치는 악을 내버리고 너희 영혼을 능히 구원할 바 마음에 심어진 말씀을 온유함으로 받으라 너희는 말씀을 행하는 자가 되고 듣기만 하여 자신을 속이는 자가 되지 말라

II. 사도신경에 대하여

8. 사도신경을 외워 봅시다.

답 나는 전능하신 아버지 하나님, 천지의 창조주를 믿습니다.
나는 그의 유일하신 아들, 우리 주 예수 그리스도를 믿습니다.
그는 성령으로 잉태되어 동정녀 마리아에게서 나시고,
본디오 빌라도에게 고난을 받아 십자가에 못 박혀 죽으시고,
장사된 지 사흘 만에 죽은 자 가운데서 다시 살아나셨으며,
하늘에 오르시어 전능하신 아버지 하나님 우편에 앉아 계시다가,
거기로부터 살아 있는 자와 죽은 자를 심판하러 오십니다.
나는 성령을 믿으며, 거룩한 공교회와 성도의 교제와
죄를 용서받는 것과 몸의 부활과 영생을 믿습니다. 아멘.

9. 사도신경은 무엇입니까?

답 사도신경은 예수 그리스도의 복음과 기독교 가르침의 요약이며 우리가 고백해야 할 신앙의 내용입니다(요 20 : 31).

요 20:31 오직 이것을 기록함은 너희로 예수께서 하나님의 아들 그리스도이심을 믿게 하려 함이요 또 너희로 믿고 그 이름을 힘입어 생명을 얻게 하려 함이니라

10. 사도신경의 내용을 어떻게 나눌 수 있습니까?

㉰ 사도신경은 아버지 하나님(성부)과 창조, 아들 하나님(성자)과 구원, 성령 하나님(성령)과 교회와 종말로 나눌 수 있습니다.

11. "나는 전능하신 아버지 하나님, 천지의 창조주를 믿습니다"란 말에서 당신은 무엇을 깨닫습니까?

㉰ 하나님께서는 좋으신 아버지시므로 내게 필요한 모든 것을 채워주기 원하시며, 전능하시므로 원하는 모든 것을 이루실 수 있습니다. 또 하나님께서는 하늘과 땅과 그 안에 있는 모든 것을 지으시고 보전하고 다스리십니다. 따라서 나는 고난과 어려움 속에서도, 만물을 창조하신 전능하신 아버지 하나님을 신뢰하고, 그 어떤 것도 하나님의 사랑에서 나를 떼어놓을 수 없다고 확신하며 살아가겠습니다(고후 6:18, 마 6:32, 창 1:1, 롬 8:38-39).

> 고후 6:18　너희에게 아버지가 되고 너희는 내게 자녀가 되리라 전능하신 주의 말씀이니라 하셨느니라
>
> 마 6:32　이는 다 이방인들이 구하는 것이라 너희 하늘 아버지께서 이 모든 것이 너희에게 있어야 할 줄을 아시느니라
>
> 창 1:1　태초에 하나님이 천지를 창조하시니라
>
> 롬 8:38-39　내가 확신하노니 사망이나 생명이나 천사들이나 권세자들이나 현재 일이나 장래 일이나 능력이나 높음이나 깊음이나 다른 어떤 피조물이라도 우리를 우리 주 그리스도 예수 안에 있는 하나님의 사랑에서 끊을 수 없으리라

12. "그의 유일하신 아들, 우리 주 예수 그리스도"란 말에서 당신은 무엇을 깨닫습니까?

㉰ 영원하신 하나님의 아들이 사람이 되어 죄에 빠진 우리를 구원하셨습니다. 이 분이 바로 우리 주님이신 예수 그리스도입니다. 예수님은 참 하나님이며 참 사람이며 하나님과 사람 사이에 중보자가 되십니다(요 1:14, 히 2:17, 딤전 2:5, 히 9:15).

> 요 1:14　말씀이 육신이 되어 우리 가운데 거하시매 우리가 그의 영광을 보니 아버지의 독생자의 영광이요 은혜와 진리가 충만하더라

히 2:17 그러므로 그가 범사에 형제들과 같이 되심이 마땅하도다 이는 하나님의 일에 자비하고 신실한 대제사장이 되어 백성의 죄를 속량하려 하심이라

딤전 2:5 하나님은 한 분이시요 또 하나님과 사람 사이에 중보자도 한 분이시니 곧 사람이신 그리스도 예수라

히 9:15 이로 말미암아 그는 새 언약의 중보자시니 이는 첫 언약 때에 범한 죄에서 속량하려고 죽으사 부르심을 입은 자로 하여금 영원한 기업의 약속을 얻게 하려 하심이라

13. "그는 성령으로 잉태되어 동정녀 마리아에게서 나시고"란 말에서 당신은 무엇을 깨닫습니까?

답 예수 그리스도는 거룩하고 신비로운 방법으로 한 여자의 몸에서 태어나셔서 우리와 똑같은 사람이 되셨지만, 죄를 짓지는 않으셨습니다. 예수님은 이 세상에 오셔서 하나님의 나라를 전하시고, 말씀과 행동으로 가르치시고, 병든 자를 고치시고, 버림받은 자와 함께 음식을 드시고, 죄인을 용서하셨습니다(눅 1:31, 히 2:14).

눅 1:31 보라 네가 잉태하여 아들을 낳으리니 그 이름을 예수라 하라

히 2:14 자녀들은 혈과 육에 속하였으매 그도 또한 같은 모양으로 혈과 육을 함께 지니심은 죽음을 통하여 죽음의 세력을 잡은 자 곧 마귀를 멸하시며

14. "본디오 빌라도에게 고난을 받아 십자가에 못 박혀 죽으시고"란 말에서 당신은 무엇을 깨닫습니까?

답 예수님은 아무 죄도 없지만 종교와 정치 지도자들에 의해 거절당하고 유죄 판결을 받아 십자가에 매달려 죽으셨습니다. 예수님은 나의 죄를 위해 죽으셨고, 내가 받을 형벌과 저주를 받으셨습니다. 예수님 덕분에 나는 하나님과 화해하고 죄와 죽음의 지배에서 벗어날 수 있습니다(눅 18:32, 사 53:3, 5, 고후 5:21).

눅 18:32 인자가 이방인들에게 넘겨져 희롱을 당하고 능욕을 당하고 침 뱉음을 당하겠으며

사 53:3 그는 멸시를 받아 사람들에게 버림 받았으며 간고를 많이 겪었으며 질고를 아는 자라 마치 사람들이 그에게서 얼굴을 가리는 것 같이 멸시를 당하였고 우리도 그를 귀히 여기지 아니하였도다

> 사 53:5　그가 찔림은 우리의 허물 때문이요 그가 상함은 우리의 죄악 때문이라 그가 징계를 받으므로 우리는 평화를 누리고 그가 채찍에 맞으므로 우리는 나음을 받았도다
>
> 고후 5:21　하나님이 죄를 알지도 못하신 이를 우리를 대신하여 죄로 삼으신 것은 우리로 하여금 그 안에서 하나님의 의가 되게 하려 하심이라

15. "장사된 지 사흘 만에 죽은 자 가운데서 다시 살아나셨으며"란 말에서 당신은 무엇을 깨닫습니까?

㉍ 예수님이 죽음을 이기고 다시 살아나셔서 죽은 이들과 산 이들의 주님이 되셨습니다. 나는 예수님 안에서 죽음도 두려워하지 않습니다(고전 15:3-4, 54, 롬 14:9).

> 고전 15:3-4　내가 받은 것을 먼저 너희에게 전하였노니 이는 성경대로 그리스도께서 우리 죄를 위하여 죽으시고 장사 지낸 바 되셨다가 성경대로 사흘 만에 다시 살아나사
>
> 고전 15:54　이 썩을 것이 썩지 아니함을 입고 이 죽을 것이 죽지 아니함을 입을 때에는 사망을 삼키고 이기리라고 기록된 말씀이 이루어지리라
>
> 롬 14:9　이를 위하여 그리스도께서 죽었다가 다시 살아나셨으니 곧 죽은 자와 산 자의 주가 되려 하심이라

16. "하늘에 오르시어 전능하신 아버지 하나님 우편에 앉아 계시다가"란 말에서 당신은 무엇을 깨닫습니까?

㉍ 예수님은 아버지 하나님께로 가셔서 그분 옆에서 만물을 다스리시며, 나를 위해 기도하고 계십니다. 또한 예수님이 은혜와 성령으로 나와 함께 계셔서 나를 인도하고 보호하십니다(눅 24:51, 롬 8:34, 요 14:17).

> 눅 24:51　축복하실 때에 그들을 떠나 [하늘로 올려지시니]
>
> 롬 8:34　누가 정죄하리요 죽으실 뿐 아니라 다시 살아나신 이는 그리스도 예수시니 그는 하나님 우편에 계신 자요 우리를 위하여 간구하시는 자시니라
>
> 요 14:17　그는 진리의 영이라 세상은 능히 그를 받지 못하나니 이는 그를 보지도 못하고 알지도 못함이라 그러나 너희는 그를 아나니 그는 너희와 함께 거하심이요 또 너희 속에 계시겠음이라

17. "거기로부터 살아있는 자와 죽은 자를 심판하러 오십니다"란 말에서 당신은 무엇을 깨닫습니까?

답 예수님은 올라가신 대로 다시 오셔서 산 자와 죽은 자를 심판하십니다. 나를 위해 죽으시고 기도하시는 예수님이 심판의 주가 되시므로 나는 기쁨으로 그분을 기다립니다(행 1:11, 고후 5:10, 계 22:20).

행 1:11 이르되 갈릴리 사람들아 어찌하여 서서 하늘을 쳐다보느냐 너희 가운데서 하늘로 올려지신 이 예수는 하늘로 가심을 본 그대로 오시리라 하였느니라

고후 5:10 이는 우리가 다 반드시 그리스도의 심판대 앞에 나타나게 되어 각각 선악간에 그 몸으로 행한 것을 따라 받으려 함이라

계 22:20 이것들을 증언하신 이가 이르시되 내가 진실로 속히 오리라 하시거늘 아멘 주 예수여 오시옵소서

18. "나는 성령을 믿으며"란 말에서 당신은 무엇을 깨닫습니까?

답 성령님은 하나님이십니다. 성령님이 내 안에 계시므로 나는 예수님을 믿고 사랑하고 섬길 수 있습니다. 성령님이 내 안에서 기도하시므로 나는 하나님께서 내 모든 사정을 잘 아시리라 확신하며 기도합니다(고전 12:3, 롬 8:26-27).

고전 12:3 그러므로 내가 너희에게 알리노니 하나님의 영으로 말하는 자는 누구든지 예수를 저주할 자라 하지 아니하고 또 성령으로 아니하고는 누구든지 예수를 주시라 할 수 없느니라

롬 8:26-27 이와 같이 성령도 우리의 연약함을 도우시나니 우리는 마땅히 기도할 바를 알지 못하나 오직 성령이 말할 수 없는 탄식으로 우리를 위하여 친히 간구하시느니라 마음을 살피시는 이가 성령의 생각을 아시나니 이는 성령이 하나님의 뜻대로 성도를 위하여 간구하심이니라

19. "거룩한 공교회"란 말에서 당신은 무엇을 깨닫습니까?

답 나는 이 지역교회에 소속하지만, 언제 어디에 있든지 모든 교회는 하나님의 언약 백성이요, 그리스도의 몸이고, 성령님의 성전입니다(벧전 2:9, 고전 12:27; 3:16).

벧전 2:9 그러나 너희는 택하신 족속이요 왕 같은 제사장들이요 거룩한 나라요 그의 소유가 된 백성이니 이는 너희를 어두운 데서 불러 내어 그의 기이한 빛에 들어가게 하신 이의 아름다운 덕을 선포하게 하려 하심이라

고전 12:27　너희는 그리스도의 몸이요 지체의 각 부분이라

고전 3:16　너희는 너희가 하나님의 성전인 것과 하나님의 성령이 너희 안에 계시는 것을 알지 못하느냐

20. "성도의 교제"란 말에서 당신은 무엇을 깨닫습니까?

답 나는 성령님 안에서 그리스도와 결합하여 그리스도의 모든 은혜를 누립니다. 또 나는 그리스도의 몸의 한 부분이 되어 다른 부분들과 고통과 기쁨을 나눕니다(롬 12:5, 고전 12:13, 26).

롬 12:5　이와 같이 우리 많은 사람이 그리스도 안에서 한 몸이 되어 서로 지체가 되었느니라

고전 12:13　우리가 유대인이나 헬라인이나 종이나 자유인이나 다 한 성령으로 세례를 받아 한 몸이 되었고 또 다 한 성령을 마시게 하셨느니라

고전 12:26　만일 한 지체가 고통을 받으면 모든 지체가 함께 고통을 받고 한 지체가 영광을 얻으면 모든 지체가 함께 즐거워하느니라

21. "죄를 용서받는 것"이란 말에서 당신은 무엇을 깨닫습니까?

답 예수님이 나의 죄를 위해 죽으시고 내가 받을 형벌과 저주를 받았으므로 나는 나의 모든 죄와 심판과 형벌로부터 해방됩니다(롬 5:8; 8:1-2).

롬 5:8　우리가 아직 죄인 되었을 때에 그리스도께서 우리를 위하여 죽으심으로 하나님께서 우리에 대한 자기의 사랑을 확증하셨느니라

롬 8:1-2　그러므로 이제 그리스도 예수 안에 있는 자에게는 결코 정죄함이 없나니 이는 그리스도 예수 안에 있는 생명의 성령의 법이 죄와 사망의 법에서 너를 해방하였음이라

22. "몸의 부활"이란 말에서 당신은 무엇을 깨닫습니까?

답 나는 죽더라도 하나님께서 종말에 구원을 완성하실 때 예수님처럼 영광스러운 몸으로 다시 살아날 것입니다(고전 15:22, 52).

고전 15:22　아담 안에서 모든 사람이 죽은 것 같이 그리스도 안에서 모든 사람이 삶을 얻으리라

고전 15:52　나팔 소리가 나매 죽은 자들이 썩지 아니할 것으로 다시 살아나고 우리도 변화되리라

23. "영생"이란 말에서 당신은 무엇을 깨닫습니까?

답 나는 부활하여 새 하늘과 새 땅에서 새롭게 창조된 만물과 어우러져 하나님을 예배하며 영원히 살 것입니다. 나는 이 땅에서도 하나님의 사랑과 예수님의 은혜와 성령님의 사귐으로 영생을 맛보고 누립니다(요 3:16, 롬 6:23, 계 21:1, 고후 13:13).

> 요 3:16 하나님이 세상을 이처럼 사랑하사 독생자를 주셨으니 이는 그를 믿는 자마다 멸망하지 않고 영생을 얻게 하려 하심이라
>
> 롬 6:23 죄의 삯은 사망이요 하나님의 은사는 그리스도 예수 우리 주 안에 있는 영생이니라
>
> 계 21:1 또 내가 새 하늘과 새 땅을 보니 처음 하늘과 처음 땅이 없어졌고 바다도 다시 있지 않더라
>
> 고후 13:13 주 예수 그리스도의 은혜와 하나님의 사랑과 성령의 교통하심이 너희 무리와 함께 있을지어다

Ⅲ. 십계명에 대하여

24. 십계명을 외우십시오(출 20:1-17).

답 하나님이 이 모든 말씀으로 말씀하여 이르시되 나는 너를 애굽 땅, 종 되었던 집에서 인도하여 낸 네 하나님 여호와니라.

제1계명 너는 나 외에는 다른 신들을 네게 두지 말라.

제2계명 너를 위하여 새긴 우상을 만들지 말고, 또 위로 하늘에 있는 것이나, 아래로 땅에 있는 것이나, 땅 아래 물 속에 있는 것의 어떤 형상도 만들지 말며, 그것들에게 절하지 말며, 그것들을 섬기지 말라.

제3계명 너는 네 하나님 여호와의 이름을 망령되게 부르지 말라.

제4계명 안식일을 기억하여 거룩하게 지키라.

제5계명 네 부모를 공경하라.

제6계명 살인하지 말라.

제7계명 간음하지 말라.

제8계명 도둑질하지 말라.

제9계명 네 이웃에 대하여 거짓 증거하지 말라.

제10계명 네 이웃의 집을 탐내지 말라. 네 이웃의 아내나 그의 남종이나 그의 여종이나, 그의 소나 그의 나귀나, 무릇 네 이웃의 소유를 탐내지 말라.

25. 십계명은 무엇입니까?

답 십계명은 하나님께서 구원한 언약 백성이 살아가야 할 도리입니다. 나는 예수님을 통해 하나님의 언약 백성이 되었습니다. 따라서 나도 십계명을 따라 살아가겠습니다(출 20:2, 레 26:12).

출 20:2 나는 너를 애굽 땅, 종 되었던 집에서 인도하여 낸 네 하나님 여호와니라

레 26:12 나는 너희 중에 행하여 너희의 하나님이 되고 너희는 내 백성이 될 것이니라

26. 앞부분의 네 계명을 어떻게 요약할 수 있습니까?

답 예수님이 가르치신 크고 첫째 되는 계명, 곧 "네 마음을 다하고 목숨을 다하고 뜻을 다하여 주 너의 하나님을 사랑하라"(마 22:37)입니다.

마 22:37 예수께서 이르시되 네 마음을 다하고 목숨을 다하고 뜻을 다하여 주 너의 하나님을 사랑하라 하셨으니

27. 뒷부분의 여섯 계명을 어떻게 요약할 수 있습니까?

답 예수님이 말씀하신 대로 "네 이웃을 네 자신 같이 사랑하라"(마 22:39)입니다.

마 22:39 둘째도 그와 같으니 네 이웃을 네 자신 같이 사랑하라 하셨으니

28. 제1계명 "너는 나 외에는 다른 신들을 네게 두지 말라"는 말에서 당신은 무엇을 깨닫습니까?

답 나는 오직 하나님만 섬기고 의지하며, 마음을 다해 하나님을 사랑할 것입니다(신 6:5, 마 4:10).

신 6:5 너는 마음을 다하고 뜻을 다하고 힘을 다하여 네 하나님 여호와를 사랑하라

마 4:10 이에 예수께서 말씀하시되 사탄아 물러가라 기록되었으되 주 너의 하나님께 경배하고 다만 그를 섬기라 하였느니라

29. 제2계명 "너를 위하여 새긴 우상을 만들지 말라"는 말에서 당신은 무엇을 깨닫습니까?

답 나는 하나님 아닌 어떤 것을 하나님처럼 섬기거나 의지하지 않을 것입니다(신 6:14, 요일 5:21).

> 신 6:14 너희는 다른 신들 곧 네 사면에 있는 백성의 신들을 따르지 말라
>
> 요일 5:21 자녀들아 너희 자신을 지켜 우상에게서 멀리하라

30. 제3계명 "너는 네 하나님 여호와의 이름을 망령되게 부르지 말라"는 말에서 당신은 무엇을 깨닫습니까?

답 나는 거짓말하거나 잘못된 일을 할 때 하나님의 이름을 사용하지 않을 것입니다(마 5:37, 엡 4:29).

> 마 5:37 오직 너희 말은 옳다 옳다, 아니다 아니라 하라 이에서 지나는 것은 악으로부터 나느니라
>
> 엡 4:29 무릇 더러운 말은 너희 입 밖에도 내지 말고 오직 덕을 세우는 데 소용되는 대로 선한 말을 하여 듣는 자들에게 은혜를 끼치게 하라

31. 제4계명 "안식일을 기억하여 거룩하게 지키라"는 말에서 당신은 무엇을 깨닫습니까?

답 나는 한 주간의 첫째 날, 주님의 날에 하나님을 예배하고 감사하고 찬양하며 하나님의 말씀을 듣고 마음에 새겨 일상에서 실천할 것입니다(창 2:3, 레 23:3, 신 5:14).

> 창 2:3 하나님이 그 일곱째 날을 복되게 하사 거룩하게 하셨으니 이는 하나님이 그 창조하시며 만드시던 모든 일을 마치시고 그 날에 안식하셨음이니라
>
> 레 23:3 엿새 동안은 일할 것이요 일곱째 날은 쉴 안식일이니 성회의 날이라 너희는 아무 일도 하지 말라 이는 너희가 거주하는 각처에서 지킬 여호와의 안식일이니라
>
> 신 5:14 일곱째 날은 네 하나님 여호와의 안식일인즉 너나 네 아들이나 네 딸이나 네 남종이나 네 여종이나 네 소나 네 나귀나 네 모든 가축이나 네 문 안에 유하는 객이라도 아무 일도 하지 못하게 하고 네 남종이나 네 여종에게 너 같이 안식하게 할지니라

32. 제5계명 "네 부모를 공경하라"는 말에서 당신은 무엇을 깨닫습니까?

답 나는 부모님을 존경하고, 부모님의 사랑과 수고에 감사하며 부모님을 사랑하겠습니다(엡 6:2, 눅 2:51).

> 엡 6:2 네 아버지와 어머니를 공경하라 이것은 약속이 있는 첫 계명이니
>
> 눅 2:51 예수께서 함께 내려가사 나사렛에 이르러 순종하여 받드시더라 그 어머니는 이 모든 말을 마음에 두니라

33. 제6계명 "살인하지 말라"는 말에서 당신은 무엇을 깨닫습니까?

답 나는 폭력으로나 미움과 분노의 말이나 악한 계획으로 다른 사람에게 부당하게 해를 입히지 않을 것입니다. 나는 모든 사람, 심지어 원수까지도 존중할 것입니다(마 5:21-22, 롬 12:19-20).

> 마 5:21-22 옛 사람에게 말한 바 살인하지 말라 누구든지 살인하면 심판을 받게 되리라 하였다는 것을 너희가 들었으나 나는 너희에게 이르노니 형제에게 노하는 자마다 심판을 받게 되고 형제를 대하여 라가라 하는 자는 공회에 잡혀가게 되고 미련한 놈이라 하는 자는 지옥 불에 들어가게 되리라
>
> 롬 12:19-20 내 사랑하는 자들아 너희가 친히 원수를 갚지 말고 하나님의 진노하심에 맡기라 기록되었으되 원수 갚는 것이 내게 있으니 내가 갚으리라고 주께서 말씀하시니라 네 원수가 주리거든 먹이고 목마르거든 마시게 하라 그리함으로 네가 숯불을 그 머리에 쌓아 놓으리라

34. 제7계명 "간음하지 말라"는 말에서 당신은 무엇을 깨닫습니까?

답 나는 마음과 말과 행동에서 음란하지 않고 성적으로 순결하게 생활할 것입니다(마 5:27-29, 살전 4:3-4).

> 마 5:27-29 또 간음하지 말라 하였다는 것을 너희가 들었으나 나는 너희에게 이르노니 음욕을 품고 여자를 보는 자마다 마음에 이미 간음하였느니라 만일 네 오른 눈이 너로 실족하게 하거든 빼어 내버리라 네 백체 중 하나가 없어지고 온 몸이 지옥에 던져지지 않는 것이 유익하며
>
> 살전 4:3-4 하나님의 뜻은 이것이니 너희의 거룩함이라 곧 음란을 버리고 각각 거룩함과 존귀함으로 자기의 아내 대할 줄을 알고

35. 제8계명 "도둑질하지 말라"는 말에서 당신은 무엇을 깨닫습니까?

답 나는 남의 정당한 몫을 빼앗거나 훔치지 않을 것입니다(렘 22:13, 엡 4:28).

렘 22:13 불의로 그 집을 세우며 부정하게 그 다락방을 지으며 자기의 이웃을 고용하고 그의 품삯을 주지 아니하는 자에게 화 있을진저

엡 4:28 도둑질하는 자는 다시 도둑질하지 말고 돌이켜 가난한 자에게 구제할 수 있도록 자기 손으로 수고하여 선한 일을 하라

36. 제9계명 "네 이웃에 대하여 거짓 증거하지 말라"는 말에서 당신은 무엇을 깨닫습니까?

답 나는 내 이웃에 대해 거짓말을 하지 않고, 내 이웃의 명예나 인격을 깎아내리거나 해치지 않을 것입니다(잠 14:5; 31:8-9).

잠 14:5 신실한 증인은 거짓말을 아니하여도 거짓 증인은 거짓말을 뱉느니라

잠 31:8-9 너는 말 못하는 자와 모든 고독한 자의 송사를 위하여 입을 열지니라 너는 입을 열어 공의로 재판하여 곤고한 자와 궁핍한 자를 신원할지니라

37. 제10계명 "네 이웃의 집을 탐내지 말라"는 말에서 당신은 무엇을 깨닫습니까?

답 나는 내 이웃의 성공이나 재물에 마음을 빼앗기지 않고 하나님께서 주신 복에 감사하며 살 것입니다(히 13:5, 갈 5:26).

히 13:5 돈을 사랑하지 말고 있는 바를 족한 줄로 알라 그가 친히 말씀하시기를 내가 결코 너희를 버리지 아니하고 너희를 떠나지 아니하리라 하셨느니라

갈 5:26 헛된 영광을 구하여 서로 노엽게 하거나 서로 투기하지 말지니라

38. 십계명을 비롯한 구약의 율법이 주는 유익은 무엇입니까?

답 나는 십계명과 구약의 율법을 통해 죄를 깨닫고 하나님의 뜻대로 살 수 있습니다(마 5:18, 롬 7:7).

마 5:18 진실로 너희에게 이르노니 천지가 없어지기 전에는 율법의 일점 일획도 결코 없어지지 아니하고 다 이루리라

롬 7:7 그런즉 우리가 무슨 말을 하리요 율법이 죄냐 그럴 수 없느니라 율법으로 말미암지 않고는 내가 죄를 알지 못하였으니 곧 율법이 탐내지 말라 하지 아니하였더라면 내가 탐심을 알지 못하였으리라

39. 십계명을 비롯한 구약 율법의 기본 정신을 국가 차원에서 어떻게 이해할 수 있습니까?

답 나는 공정한 재판과 약자 보호가 율법의 기본 정신이라고 확신합니다. 따라서 나는 하나님의 말씀대로 법치국가와 복지국가를 세우기 위해 힘쓰겠습니다(신 24:19-22).

신 24:19-22 네가 밭에서 곡식을 벨 때에 그 한 뭇을 밭에 잊어버렸거든 다시 가서 가져오지 말고 나그네와 고아와 과부를 위하여 남겨두라 그리하면 네 하나님 여호와께서 네 손으로 하는 모든 일에 복을 내리시리라 네가 네 감람나무를 떤 후에 그 가지를 다시 살피지 말고 그 남은 것은 객과 고아와 과부를 위하여 남겨두며 네가 네 포도원의 포도를 딴 후에 그 남은 것을 다시 따지 말고 객과 고아와 과부를 위하여 남겨두라 너는 애굽 땅에서 종 되었던 것을 기억하라 이러므로 내가 네게 이 일을 행하라 명령하노라

40. 십계명을 완전히 지킬 수 있습니까?

답 나는 하나님의 계명을 완전히 지킬 수 없다고 고백합니다. 하지만 성령님을 힘입어 계명대로 살기 위해 노력하겠습니다(요 1:8, 빌 4:13).

요 1:8 그는 이 빛이 아니요 이 빛에 대하여 증언하러 온 자라

빌 4:13 내게 능력 주시는 자 안에서 내가 모든 것을 할 수 있느니라

41. 오늘날 우리는 어떻게 살아야 합니까?

답 나는 하나님을 사랑하고 바르게 예배하며 이웃을 사랑하고 섬기며 살겠습니다. 또 무슨 일을 하든 하나님 앞에서 행한다는 마음으로 살아가겠습니다(막 12:30-31, 마 5:48).

막 12:30-31 네 마음을 다하고 목숨을 다하고 뜻을 다하고 힘을 다하여 주 너의 하나님을 사랑하라 하신 것이요 둘째는 이것이니 네 이웃을 네 자신과 같이 사랑하라 하신 것이라 이보다 더 큰 계명이 없느니라

마 5:48 그러므로 하늘에 계신 너희 아버지의 온전하심과 같이 너희도 온전하라

IV. 예배와 성례에 대하여

42. 하나님께서 일반적으로 은혜를 주시는 통로는 무엇이 있습니까?

답 말씀의 선포와 성례와 기도가 있습니다. 성령님은 이 은혜의 통로를 사용하셔서 교회를 세우십니다. 이 세 가지는 일반적으로 예배 안에 포함되어 있습니다(행 2:42; 20:32).

> 행 2:42 그들이 사도의 가르침을 받아 서로 교제하고 떡을 떼며 오로지 기도하기를 힘쓰니라
>
> 행 20:32 지금 내가 여러분을 주와 및 그 은혜의 말씀에 부탁하노니 그 말씀이 여러분을 능히 든든히 세우사 거룩하게 하심을 입은 모든 자 가운데 기업이 있게 하시리라

43. 예배가 무엇입니까?

답 예배는 하나님께서 베푸신 창조와 구원의 은총과 사역에 감격하여, 감사함으로 우리의 삶을 다해 응답하는 산 제사로서 하나님의 은혜가 전달되는 주요한 통로입니다(시 29:2, 계 15:3-4, 롬 12:1).

> 시 29:2 여호와께 그의 이름에 합당한 영광을 돌리며 거룩한 옷을 입고 여호와께 예배할지어다
>
> 계 15:3-4 하나님의 종 모세의 노래, 어린 양의 노래를 불러 이르되 주 하나님 곧 전능하신 이시여 하시는 일이 크고 놀라우시도다 만국의 왕이시여 주의 길이 의롭고 참되시도다 주여 누가 주의 이름을 두려워하지 아니하며 영화롭게 하지 아니하오리이까 오직 주만 거룩하시니이다 주의 의로우신 일이 나타났으매 만국이 와서 주께 경배하리이다 하더라
>
> 롬 12:1 그러므로 형제들아 내가 하나님의 모든 자비하심으로 너희를 권하노니 너희 몸을 하나님이 기뻐하시는 거룩한 산 제물로 드리라 이는 너희가 드릴 영적 예배니라

44. 예배에서 우리는 무엇을 합니까?

답 우리는 예배에서 하나님께 찬송과 감사와 경배를 드리고, 말씀을 듣고 결단하며, 성례전에 참여하고, 하나님의 백성과 교제하고 사랑하며 치유하고 돌보며, 복음 전파와 정의, 평화, 창조물의 보전을 위해 보냄을 받습니다(요 4:24, 히 13:15-16).

> 요 4:24 하나님은 영이시니 예배하는 자가 영과 진리로 예배할지니라
>
> 히 13:15-16 그러므로 우리는 예수로 말미암아 항상 찬송의 제사를 하나님께 드리자 이는 그

이름을 증언하는 입술의 열매니라 오직 선을 행함과 서로 나누어 주기를 잊지 말라 하나님은 이같은 제사를 기뻐하시느니라

45. 예배는 어떻게 드립니까?

답 일반적으로 하나님의 부르심에 대한 응답, 경배의 찬송, 신앙고백, 참회의 기도, 성경 봉독과 설교, 봉헌과 감사의 응답, 성찬, 성도의 교제, 위탁의 말씀, 강복 선언(축도)으로 진행됩니다(시 138:2, 고전 14:26).

시 138:2　내가 주의 성전을 향하여 예배하며 주의 인자하심과 성실하심으로 말미암아 주의 이름에 감사하오리니 이는 주께서 주의 말씀을 주의 모든 이름보다 높게 하셨음이라

고전 14:26　그런즉 형제들아 어찌할까 너희가 모일 때에 각각 찬송시도 있으며 가르치는 말씀도 있으며 계시도 있으며 방언도 있으며 통역함도 있나니 모든 것을 덕을 세우기 위하여 하라

46. 말씀 선포는 무엇입니까?

답 하나님 말씀인 성경을 읽고 설교하는 것입니다(롬 10:8, 딤후 4:2, 계 1:3).

롬 10:8　그러면 무엇을 말하느냐 말씀이 네게 가까워 네 입에 있으며 네 마음에 있다 하였으니 곧 우리가 전파하는 믿음의 말씀이라

딤후 4:2　너는 말씀을 전파하라 때를 얻든지 못 얻든지 항상 힘쓰라 범사에 오래 참음과 가르침으로 경책하며 경계하며 권하라

계 1:3　이 예언의 말씀을 읽는 자와 듣는 자와 그 가운데에 기록한 것을 지키는 자는 복이 있나니 때가 가까움이라

47. 성례는 무엇입니까?

답 성례는 예수님이 만드셨으며 세례와 성찬이 있습니다. 성례는 보이는 하나님의 말씀이며, 성령님을 통해 은혜의 통로가 됩니다(마 28:19, 고전 11:23-25).

마 28:19　그러므로 너희는 가서 모든 민족을 제자로 삼아 아버지와 아들과 성령의 이름으로 세례를 베풀고

고전 11:23-25　내가 너희에게 전한 것은 주께 받은 것이니 곧 주 예수께서 잡히시던 밤에 떡을 가지사 축사하시고 떼어 이르시되 이것은 너희를 위하는 내 몸이니 이것을 행하여 나를 기념하라 하시고 식후에 또한 그와 같이 잔을 가지시고 이르시되 이 잔은 내 피로 세운 새 언약이니 이것을 행하여 마실 때마다 나를 기념하라 하셨으니

48. 세례는 무엇입니까?

답 세례는 물을 사용하여 내가 예수님과 함께 죽고 살아나며, 죄를 씻어 그리스도를 옷으로 입고, 그리스도에게 접붙여짐을 나타내는 언약의 예식입니다. 성부와 성자와 성령의 이름으로 베풀어집니다(롬 6:3-4, 갈 3:27, 벧전 3:21, 마 20:19).

롬 6:3-4 무릇 그리스도 예수와 합하여 세례를 받은 우리는 그의 죽으심과 합하여 세례를 받은 줄을 알지 못하느냐 그러므로 우리가 그의 죽으심과 합하여 세례를 받음으로 그와 함께 장사되었나니 이는 아버지의 영광으로 말미암아 그리스도를 죽은 자 가운데서 살리심과 같이 우리로 또한 새 생명 가운데서 행하게 하려 함이라

갈 3:27 누구든지 그리스도와 합하기 위하여 세례를 받은 자는 그리스도로 옷 입었느니라

벧전 3:21 물은 예수 그리스도께서 부활하심으로 말미암아 이제 너희를 구원하는 표니 곧 세례라 이는 육체의 더러운 것을 제하여 버림이 아니요 하나님을 향한 선한 양심의 간구니라

마 20:19 이방인들에게 넘겨 주어 그를 조롱하며 채찍질하며 십자가에 못 박게 할 것이나 제 삼일에 살아나리라

49. 어떤 사람이 세례를 받을 수 있습니까?

답 복음의 말씀을 듣고, 죄를 인정하고 회개하며, 예수님을 주님과 구원자로 고백하고, 순종의 삶을 살기로 다짐한 사람입니다. 세례받은 교인들의 어린 자녀도 부모님의 신앙고백으로 세례를 받을 수 있습니다(마 16:16, 행 2:38; 16:31).

마 16:16 시몬 베드로가 대답하여 이르되 주는 그리스도시요 살아 계신 하나님의 아들이시니이다

행 2:38 베드로가 이르되 너희가 회개하여 각각 예수 그리스도의 이름으로 세례를 받고 죄 사함을 받으라 그리하면 성령의 선물을 받으리니

행 16:31 이르되 주 예수를 믿으라 그리하면 너와 네 집이 구원을 받으리라 하고

50. 세례의 공동체적 의미는 무엇입니까?

답 나는 세례를 통해 그리스도의 몸에 접붙여졌음을 믿습니다. 나는 머리이신 예수님께 순종하며 예수님으로부터 힘과 지혜를 공급받고, 예수님의 손과 발이 되어 교회와 세상을 섬기겠습니다. 또 그리스도의 한 몸을 이룬 다른 지체들이 아파할 때 함께 아파하고 기뻐할 때 함께 기뻐하겠습니다(엡 4:16, 고전 12:26).

엡 4:16 그에게서 온 몸이 각 마디를 통하여 도움을 받음으로 연결되고 결합되어 각 지체의

분량대로 역사하여 그 몸을 자라게 하며 사랑 안에서 스스로 세우느니라

고전 12:26 만일 한 지체가 고통을 받으면 모든 지체가 함께 고통을 받고 한 지체가 영광을 얻으면 모든 지체가 함께 즐거워하느니라

51. 성찬은 무엇입니까?

답 성찬은 빵과 포도주를 먹고 마심으로, 이 땅에 오셔서 나의 죄를 위해 찢긴 예수님의 살과 흘린 피에 참여하고, 부활하신 예수님과 교제하며 앞으로 하나님 나라에서 누릴 잔치를 미리 맛보는 언약의 예식입니다. 또한 성찬은 예수님을 주님이라고 고백하는 모든 자들이 그리스도의 한 몸을 이룬다는 것을 확증합니다 (마 26:26-28, 눅 24:30-31, 41-43, 요 21:12-13, 눅 13:29, 고전 10:17).

마 26:26-28 그들이 먹을 때에 예수께서 떡을 가지사 축복하시고 떼어 제자들에게 주시며 이르시되 받아서 먹으라 이것은 내 몸이니라 하시고 또 잔을 가지사 감사 기도 하시고 그들에게 주시며 이르시되 너희가 다 이것을 마시라 이것은 죄 사함을 얻게 하려고 많은 사람을 위하여 흘리는 바 나의 피 곧 언약의 피니라

눅 24:30-31 그들과 함께 음식 잡수실 때에 떡을 가지사 축사하시고 떼어 그들에게 주시니 그들의 눈이 밝아져 그인 줄 알아 보더니 예수는 그들에게 보이지 아니하시는지라

눅 24:41-43 그들이 너무 기쁘므로 아직도 믿지 못하고 놀랍게 여길 때에 이르시되 여기 무슨 먹을 것이 있느냐 하시니 이에 구운 생선 한 토막을 드리니 받으사 그 앞에서 잡수시더라

요 21:12-13 예수께서 이르시되 와서 조반을 먹으라 하시니 제자들이 주님이신 줄 아는 고로 당신이 누구냐 감히 묻는 자가 없더라 예수께서 가셔서 떡을 가져다가 그들에게 주시고 생선도 그와 같이 하시니라

눅 13:29 사람들이 동서남북으로부터 와서 하나님의 나라 잔치에 참여하리니

고전 10:17 떡이 하나요 많은 우리가 한 몸이니 이는 우리가 다 한 떡에 참여함이라

52. 나는 성찬에 어떻게 참여합니까?

답 나는 세례에서 고백한 신앙과 서약을 기억하며, 죄를 회개하고 믿음과 순종의 삶을 다짐하며 성찬에 참여합니다(고전 11:27-28).

고전 11:27-28 그러므로 누구든지 주의 떡이나 잔을 합당하지 않게 먹고 마시는 자는 주의 몸과 피에 대하여 죄를 짓는 것이니라 사람이 자기를 살피고 그 후에야 이 떡을 먹고 이 잔을 마실지니

53. 성찬이 주는 유익은 무엇입니까?

답 나는 성찬에서 성령님을 통해 부활하신 예수님과 교제하며, 하나님 나라 식탁에서 주시는 생명의 양식에 대해 감사하고, 그리스도의 몸된 교회의 지체가 되고, 하나님 나라에서 살아갈 힘을 얻게 됩니다(요 6:35).

> 요 6:35　예수께서 이르시되 나는 생명의 떡이니 내게 오는 자는 결코 주리지 아니할 터이요 나를 믿는 자는 영원히 목마르지 아니하리라

V. 기도-주기도문에 대하여

54. 주기도문을 외워보세요(마 6:9-13).

답 하늘에 계신 우리 아버지,
아버지의 이름을 거룩하게 하시며, 아버지의 나라가 오게 하시며,
아버지의 뜻이 하늘에서와 같이 땅에서도 이루어지게 하소서.
오늘 우리에게 일용할 양식을 주시고,
우리가 우리에게 잘못한 사람을 용서하여 준 것같이
우리 죄를 용서하여 주시고,
우리를 시험에 빠지지 않게 하시고, 악에서 구하소서.
나라와 권능과 영광이 영원히 아버지의 것입니다. 아멘.

> 마 6:9-13　그러므로 너희는 이렇게 기도하라 하늘에 계신 우리 아버지여 이름이 거룩히 여김을 받으시오며 나라가 임하시오며 뜻이 하늘에서 이루어진 것 같이 땅에서도 이루어지이다 오늘 우리에게 일용할 양식을 주시옵고 우리가 우리에게 죄 지은 자를 사하여 준 것 같이 우리 죄를 사하여 주시옵고 우리를 시험에 들게 하지 마시옵고 다만 악에서 구하시옵소서 (나라와 권세와 영광이 아버지께 영원히 있사옵나이다 아멘)

55. 기도는 무엇입니까?

답 기도는 하나님과의 대화입니다. 나는 기도를 통해 나의 사정과 마음을 하나님께 말하고, 하나님의 말씀에 귀를 기울입니다. 나는 하나님이 내가 구하기 전에 필요한 것을 아시고, 성령님이 내 안에 계셔서 나를 위해 기도해주시고, 예수님

은 하나님 옆에서 나를 위해 기도해 주신다고 확신합니다(빌 4:6, 사 65:24, 마 6:8, 롬 8:26, 34).

빌 4:6 아무 것도 염려하지 말고 다만 모든 일에 기도와 간구로, 너희 구할 것을 감사함으로 하나님께 아뢰라

사 65:24 그들이 부르기 전에 내가 응답하겠고 그들이 말을 마치기 전에 내가 들을 것이며

마 6:8 그러므로 그들을 본받지 말라 구하기 전에 너희에게 있어야 할 것을 하나님 너희 아버지께서 아시느니라

롬 8:26 이와 같이 성령도 우리의 연약함을 도우시나니 우리는 마땅히 기도할 바를 알지 못하나 오직 성령이 말할 수 없는 탄식으로 우리를 위하여 친히 간구하시느니라

롬 8:34 누가 정죄하리요 죽으실 뿐 아니라 다시 살아나신 이는 그리스도 예수시니 그는 하나님 우편에 계신 자요 우리를 위하여 간구하시는 자시니라

56. 주기도문은 어떻게 이루어져 있습니까?

답 나는 주기도문을 통해 하나님을 아버지라고 부르고, 먼저 하나님의 이름과 나라와 뜻이 온전하게 이루어지기를 기도합니다. 또한 나는 우리 모두의 필요가 채워지고 죄의 빚을 없애 주시고 시험에 빠지지 않기를 하나님께 기도드리며, 하나님께 영광을 돌리고 그렇게 되리라고 확신하며 기도를 마칩니다.

57. "하늘에 계신 우리 아버지"라는 말에서 당신은 무엇을 깨닫습니까?

답 나는 육신의 부모와 같이 친근하고 가까이 계셔서 우리 기도를 들어주시고 모든 필요를 채워 주시는 하나님께 내 자신을 맡기며 기도합니다(요일 5:14, 마 6:31-32, 눅 11:11-13).

요일 5:14 그를 향하여 우리가 가진 바 담대함이 이것이니 그의 뜻대로 무엇을 구하면 들으심이라

마 6:31-32 그러므로 염려하여 이르기를 무엇을 먹을까 무엇을 마실까 무엇을 입을까 하지 말라 이는 다 이방인들이 구하는 것이라 너희 하늘 아버지께서 이 모든 것이 너희에게 있어야 할 줄을 아시느니라

눅 11:11-13 너희 중에 아버지 된 자로서 누가 아들이 생선을 달라 하는데 생선 대신에 뱀을 주며 알을 달라 하는데 전갈을 주겠느냐 너희가 악할지라도 좋은 것을 자식에게 줄 줄 알거든 하물며 너희 하늘 아버지께서 구하는 자에게 성령을 주시지 않겠느냐 하시니라

58. “아버지의 이름을 거룩하게 하시며”라는 말에서 당신은 무엇을 깨닫습니까?

답 나는 하나님을 제대로 인정하고, 하나님을 높이고 찬양하며 영광 돌리기를 기도합니다(롬 11:36, 시 115:1).

> 롬 11:36 이는 만물이 주에게서 나오고 주로 말미암고 주에게로 돌아감이라 그에게 영광이 세세에 있을지어다 아멘
>
> 시 115:1 여호와여 영광을 우리에게 돌리지 마옵소서 우리에게 돌리지 마옵소서 오직 주는 인자하시고 진실하시므로 주의 이름에만 영광을 돌리소서

59. “아버지의 나라가 오게 하시며”라는 말에서 당신은 무엇을 깨닫습니까?

답 나는 지금 여기서 하나님의 다스림을 받아들여 새 삶을 살고, 하나님의 다스림이 만물 안에 이루어지길 기도합니다(눅 17:21, 고전 15:28).

> 눅 17:21 또 여기 있다 저기 있다고도 못하리니 하나님의 나라는 너희 안에 있느니라
>
> 고전 15:28 만물을 그에게 복종하게 하실 때에는 아들 자신도 그 때에 만물을 자기에게 복종하게 하신 이에게 복종하게 되리니 이는 하나님이 만유의 주로서 만유 안에 계시려 하심이라

60. “아버지의 뜻이 하늘에서와 같이 땅에서도 이루어지게 하소서”라는 말에서 당신은 무엇을 깨닫습니까?

답 나는 하나님의 다스림에 순종하여, 그분의 뜻을 따라 모든 사람들에게 복을 흘려 보내는 통로가 되기를 기도합니다(시 119:34-36, 눅 22:42, 롬 12:2).

> 시 119:34-36 나로 하여금 깨닫게 하여 주소서 내가 주의 법을 준행하며 전심으로 지키리이다 나로 하여금 주의 계명들의 길로 행하게 하소서 내가 이를 즐거워함이니이다 내 마음을 주의 증거들에게 향하게 하시고 탐욕으로 향하지 말게 하소서
>
> 눅 22:42 이르시되 아버지여 만일 아버지의 뜻이거든 이 잔을 내게서 옮기시옵소서 그러나 내 원대로 마시옵고 아버지의 원대로 되기를 원하나이다 하시니
>
> 롬 12:2 너희는 이 세대를 본받지 말고 오직 마음을 새롭게 함으로 변화를 받아 하나님의 선하시고 기뻐하시고 온전하신 뜻이 무엇인지 분별하도록 하라

61. “오늘 우리에게 일용할 양식을 주시고”라는 말에서 당신은 무엇을 깨닫습니까?

답 나는 생활에 필요한 것을 하나님께 구하며, 하나님께서 나뿐만 아니라 우리 모두에게 필요한 양식을 채워 주시기를 기도합니다(시 90:17, 55:22, 104:27).

> 시 90:17 주 우리 하나님의 은총을 우리에게 내리게 하사 우리의 손이 행한 일을 우리에게 견고하게 하소서 우리의 손이 행한 일을 견고하게 하소서
>
> 시 55:22 네 짐을 여호와께 맡기라 그가 너를 붙드시고 의인의 요동함을 영원히 허락하지 아니하시리로다
>
> 시 104:27 이것들은 다 주께서 때를 따라 먹을 것을 주시기를 바라나이다

62. "우리가 우리에게 잘못한 사람을 용서하여 준 것 같이, 우리 죄를 용서하여 주시고"라는 말에서 당신은 무엇을 깨닫습니까?

답 우리가 예수님의 은혜에 감사하여 우리에게 잘못한 사람들을 용서하듯이, 하나님도 우리의 죄를 용서해 주시기를 나는 기도합니다(마 6:14-15, 요일 2:1-2).

> 마 6:14-15 너희가 사람의 잘못을 용서하면 너희 하늘 아버지께서도 너희 잘못을 용서하시려니와 너희가 사람의 잘못을 용서하지 아니하면 너희 아버지께서도 너희 잘못을 용서하지 아니하시리라
>
> 요일 2:1-2 나의 자녀들아 내가 이것을 너희에게 씀은 너희로 죄를 범하지 않게 하려 함이라 만일 누가 죄를 범하여도 아버지 앞에서 우리에게 대언자가 있으니 곧 의로우신 예수 그리스도시라 그는 우리 죄를 위한 화목제물이니 우리만 위할 뿐 아니요 온 세상의 죄를 위하심이라

63. "우리를 시험에 빠지지 않게 하시고, 악에서 구하소서"라는 말에서 당신은 무엇을 깨닫습니까?

답 나는 하나님께서 은혜 주셔서 나뿐만 아니라 우리 모두가 죄악을 물리치고, 어려움을 즐거이 견디며, 하나님의 사랑이 결국 승리한다고 확신하며 살아가기를 기도합니다(고전 10:13, 고후 4:8-9).

> 고전 10:13 사람이 감당할 시험 밖에는 너희가 당한 것이 없나니 오직 하나님은 미쁘사 너희가 감당하지 못할 시험 당함을 허락하지 아니하시고 시험 당할 즈음에 또한 피할 길을 내사 너희로 능히 감당하게 하시느니라
>
> 고후 4:8-9 우리가 사방으로 욱여쌈을 당하여도 싸이지 아니하며 답답한 일을 당하여도 낙심하지 아니하며 박해를 받아도 버린 바 되지 아니하며 거꾸러뜨림을 당하여도 망하지 아니하고

64. "나라와 권능과 영광이 영원히 아버지의 것입니다"라는 말에서 당신은 무엇을 깨닫습니까?

답 나의 기도와 삶의 목적은 하나님을 높이고 경배하고 찬양하는 것입니다. 나는 모든 악을 물리치는 하나님의 다스림, 인간과 세상을 구원하시는 하나님의 사랑의 능력, 우리와 만물을 영화롭게 하시는 하나님의 영광을 통해 하나님께서 주기도문의 모든 간구를 이뤄주시리라 선언합니다(대상 29:11-13, 계 4:11; 5:12).

대상 29:11-13 여호와여 위대하심과 권능과 영광과 승리와 위엄이 다 주께 속하였사오니 천지에 있는 것이 다 주의 것이로소이다 여호와여 주권도 주께 속하였사오니 주는 높으사 만물의 머리이심이니이다 부와 귀가 주께로 말미암고 또 주는 만물의 주재가 되사 손에 권세와 능력이 있사오니 모든 사람을 크게 하심과 강하게 하심이 주의 손에 있나이다 우리 하나님이여 이제 우리가 주께 감사하오며 주의 영화로운 이름을 찬양하나이다

계 4:11 우리 주 하나님이여 영광과 존귀와 권능을 받으시는 것이 합당하오니 주께서 만물을 지으신지라 만물이 주의 뜻대로 있었고 또 지으심을 받았나이다 하더라

계 5:12 큰 음성으로 이르되 죽임을 당하신 어린 양은 능력과 부와 지혜와 힘과 존귀와 영광과 찬송을 받으시기에 합당하도다 하더라

65. '아멘'이라는 말에서 당신은 무엇을 깨닫습니까?

답 우리는 예수 그리스도 안에서 하나님의 약속이 그대로 이루어질 것을 확신하며 '아멘'이라고 말합니다(계 22:20, 고후 1:20, 딤후 2:13).

계 22:20 이것들을 증언하신 이가 이르시되 내가 진실로 속히 오리라 하시거늘 아멘 주 예수여 오시옵소서

고후 1:20 하나님의 약속은 얼마든지 그리스도 안에서 예가 되니 그런즉 그로 말미암아 우리가 아멘 하여 하나님께 영광을 돌리게 되느니라

딤후 2:13 우리는 미쁨이 없을지라도 주는 항상 미쁘시니 자기를 부인하실 수 없으시리라

66. 하나님의 나라와 그의 의를 이 땅에 실현하기 위해 무엇을 해야 합니까?

답 나는 예수님의 말씀대로 먼저 세계와 인류와 온 생태계에 하나님의 나라와 그의 의가 이루어지도록 기도하고 일하겠습니다. 그렇게 살면 예수님의 말씀대로 우리에게 필요한 모든 것이 채워질 것이라고 확신합니다(마 6:31-33).

마 6:31-33 그러므로 염려하여 이르기를 무엇을 먹을까 무엇을 마실까 무엇을 입을까 하지

말라 이는 다 이방인들이 구하는 것이라 너희 하늘 아버지께서 이 모든 것이 너희에게 있어야 할 줄을 아시느니라 그런즉 너희는 먼저 그의 나라와 그의 의를 구하라 그리하면 이 모든 것을 너희에게 더하시리라

67. 교회의 사명은 무엇입니까?

답 교회는 하나님을 예배하고 복음을 전파하고, 신자들을 양육하고 돌보며, 이 세계 안에 정의와 평화를 이루고 창조세계를 보전함으로써 이 땅에 하나님 나라를 이루도록 부르심을 받았습니다(요 15:26-27, 엡 1:22-23; 3:8-10).

요 15:26-27 내가 아버지께로부터 너희에게 보낼 보혜사 곧 아버지께로부터 나오시는 진리의 성령이 오실 때에 그가 나를 증언하실 것이요 너희도 처음부터 나와 함께 있었으므로 증언하느니라

엡 1:22-23 또 만물을 그의 발 아래에 복종하게 하시고 그를 만물 위에 교회의 머리로 삼으셨느니라 교회는 그의 몸이니 만물 안에서 만물을 충만하게 하시는 이의 충만함이니라

엡 3:8-10 모든 성도 중에 지극히 작은 자보다 더 작은 나에게 이 은혜를 주신 것은 측량할 수 없는 그리스도의 풍성함을 이방인에게 전하게 하시고 영원부터 만물을 창조하신 하나님 속에 감추어졌던 비밀의 경륜이 어떠한 것을 드러내게 하려 하심이라 이는 이제 교회로 말미암아 하늘에 있는 통치자들과 권세들에게 하나님의 각종 지혜를 알게 하려 하심이니

68. 교회의 일꾼인 우리의 사명은 무엇입니까?

답 나는 언제나, 어디서나 내가 만나는 사람들을 전도하기 위해 힘쓸 것입니다. 아울러 하나님 나라를 이루기 위해 봉사하고 섬기며 정의와 평화와 창조 세계의 보전을 위해 노력하겠습니다(마 9:35, 창 1:28, 롬 8:19-21; 10:16-17).

마 9:35 예수께서 모든 도시와 마을에 두루 다니사 그들의 회당에서 가르치시며 천국 복음을 전파하시며 모든 병과 모든 약한 것을 고치시니라

창 1:28 하나님이 그들에게 복을 주시며 하나님이 그들에게 이르시되 생육하고 번성하여 땅에 충만하라, 땅을 정복하라, 바다의 물고기와 하늘의 새와 땅에 움직이는 모든 생물을 다스리라 하시니라

롬 8:19-21 피조물이 고대하는 바는 하나님의 아들들이 나타나는 것이니 피조물이 허무한 데 굴복하는 것은 자기 뜻이 아니요 오직 굴복하게 하시는 이로 말미암음이라 그 바라는 것은 피조물도 썩어짐의 종 노릇 한 데서 해방되어 하나님의 자녀들의 영광의 자유에 이르는 것이니라

롬 10:16-17 그러나 그들이 다 복음을 순종하지 아니하였도다 이사야가 이르되 주여 우리가

전한 것을 누가 믿었나이까 하였으니 그러므로 믿음은 들음에서 나며 들음은 그리스도의 말씀으로 말미암았느니라

69. 교회의 사명을 이루기 위해 무엇을 기억해야 합니까?

㉰ 성령님이 우리를 도와주십니다. 나는 성령님을 의지하여 삼위일체 하나님의 증인이 되어 살아가겠습니다(행 1:8).

행 1:8 오직 성령이 너희에게 임하시면 너희가 권능을 받고 예루살렘과 온 유대와 사마리아와 땅 끝까지 이르러 내 증인이 되리라 하시니라

70. 증인으로서의 삶은 무엇입니까?

㉰ 나는 하나님께서 우리보다 앞서 이 세상의 구원과 샬롬을 위해 일하신다고 확신합니다. 나는 그 하나님의 일을 증언하고, 그 일에 참여하며 살아갑니다. 오직 하나님의 영광을 위해서!(요 20:21, 사 9:7)

요 20:21 예수께서 또 이르시되 너희에게 평강이 있을지어다 아버지께서 나를 보내신 것 같이 나도 너희를 보내노라

사 9:7 그 정사와 평강의 더함이 무궁하며 또 다윗의 왕좌와 그의 나라에 군림하여 그 나라를 굳게 세우고 지금 이후로 영원히 정의와 공의로 그것을 보존하실 것이라 만군의 여호와의 열심이 이를 이루시리라

VI

발달장애인문답

발달장애인의 세례에 관하여

1. 발달장애인의 세례

가. 발달장애인의 정의

발달장애인(the Developmentally Disabled)은 「발달장애인 권리보장 및 지원에 관한 법률」에 의하면 '지적장애인, 자폐성장애인 및 통상적인 발달이 나타나지 아니하거나 크게 지연되어 일상생활이나 사회생활에 상당한 제약을 받는 사람으로서 대통령령으로 정하는 사람'이다. 「장애인복지법 시행규칙」에 따르면 지적 장애(Intellectual disability)인은 '지능지수가 70 이하인 사람으로서 교육을 통한 사회적 · 직업적 재활이 가능한 사람'이며, 자폐성 장애(the Autism Spectrum Disorder)인은 '제10차 국제질병사인분류(International Classification of Diseases, 10th Version)의 진단 기준에 따른 전반성발달장애(자폐증)로 정상 발달의 단계가 나타나지 않고, 기능 및 능력장애로 일상생활이나 사회생활에 간헐적인 도움이 필요한 사람'을 말한다. 이와 같은 장애를 가진 사람은 지적인 장애와 아울러 의사소통의 장애를 가진다. 의사소통에 장애가 있는 발달장애인은 ① 언어 표현(음성언어)이 가능한 사람 ② 신체적 표현(행동언어)이 가능한 사람(그림 지적 가능자 포함) ③ 모든 표현이 불가능한 사람으로 구분할 수 있다.

나. 발달장애인의 세례

발달장애인 중에는 음성언어 혹은 행동언어로 자신의 고백이나 반응을 보일 수 있는 장애인이 있는 반면, 어떤 언어로도 자신의 신앙을 표현하기 어려운 장애인도 있다. 따라서 전자의 경우에는 수세자에게 일정 기간 적절한 교육과정을 거쳐 세례가 가능하지만, 후자의 경우에는 중개인(돌보는 사람 혹은 가족)의 믿음과 돌봄에 대한 약속, 그리고 이와 더불어 교회 공동체의 믿음과 돌봄에 대한 약속을 통해서 세례가 가능하다. 교회는 피부색, 언어, 성별, 그리고 장애와 비장애를 기준으로 차별하지 않는 하나님 나라의 백성들이 모인 포용공동체(Inclusive Community)이다. 세례는 수세자를 신앙공동체의 일원으로 받아들이는 예식이다. 교회는 발달장애인이 자신의 이성과 의지로 온전히 신앙고백을 할 수 없을지라도 그를 하나님이 창조하신 것과 그의 안에서 하나님의 구원 역사가 성령을 통해서 일어나고 있음을 믿어야 한다. 더불어 교회는 하나님께서 성령으로 역사하심을 믿는 믿음으로 발달장애인에게 세례를 베풀어 그를 교회 공동체의 일원으로 받아들일 뿐만 아니라 그의 신앙 성장을 위하여 기도와 사랑으로 돌보아야 할 책임을 갖는다.

다. 발달장애인 세례의 근거

대한예수교장로회총회 헌법에 근거하면, 하나님의 은혜에 대한 응답으로서 고백을 요구하는 절차는 발달장애인이 세례를 받는 일을 제한하는 근거가 된다. 하나님은 모든 사람이 구원에 이르기를 원하실 뿐 아니라(딤전 2:4, 6) 이를 위하여 독생자 예수 그리스도의 십자가 구속의 은혜를 입도록 초청하셨다. 특히 공관복음서는 자신의 입으로 고백할 수 없는 사람들, 자신의 힘으로 구원에로의 부름에 응답을 할 수 없는 사람들을 위한 중개인의 믿음을 하나님의 은총이라고 제시한다(마 9:2-8; 17:14-18; 15:22-28; 8:5-13; 9:18-26, 막 7:31-37; 8:22-26, 눅 9:37-43, 요 4:43-54). 하나님의 은총의 역사를 이루는 중개인의 믿음이란, 예수님만이 유일한 구원의 길임을 믿는, 장애인을 돌보는 지인 혹은 가족의 믿음에 대한 인정이요, 이와 더불어 신앙 공동체의 믿음과 돌봄에 대한 인정이다. 우리는 이 중개인에 대한 인정을 통해서 세례를 줄 수 있다. 그리고 우리는 성령께서 말씀을 통하여 이와 같은 중증 장애인의 마음속에 보이지 않게 역사하시는 것을 믿는다. 하나님의 구원의 은혜와 구원의 방식을 따라 중개인의 믿음과 고백에 근거하여, 예배 출석과 신앙생활을 하고 있는 발달장애인에게 세례를 베푸는 것은 성경적으로 마땅한 일이다.

2. 발달장애인 세례예식과 문답교육 일반

가. 장애인 세례의 교육 내용과 문답

1) 언어 표현 혹은 신체 표현을 통해서 의사소통이 가능한 장애인은 그의 지적 능력과 학습 능력에 적합한 방법으로 세례교육을 한다. 장애인에게는 개별화된 교육(Individualized Education Program, IEP)을 실시하되 그에게 맞는 교재(그림, 활동사진, 인형극 등)를 사용하여 세례교육을 실시하고, 적절한 문답을 통해서 세례수여자격을 검증한다.

2) 지적 능력이 현저히 낮아 의사소통이 가능하지 않는 장애인의 세례는 예수님만이 유일한 구원의 길임을 믿는 중개인 혹은 공동체의 믿음을 통해 하나님께서 은총을 베푸실 것이라는 말씀을 근거로 하여 세례를 실시한다.

나. 중개인(仲介人, Mediator)의 범위와 역할

1) 중개인의 범위는 일차적으로 장애인의 삼촌 이내에 해당하는 가족으로 정한다. 이들은 장애인의 가장 직접적인 보호자요 법적 대리인이다. 이들의 믿음을 근거로 하여 일정한 교육과정을 실시한 후에 장애인에게 세례를 베풀 수 있다.

2) 가족이 없거나 가족이 믿음을 갖고 있지 않은 장애인에게 세례를 베풀도록 하는 중개인의 범위는 이들에게 세례를 베푸는 일에 동의하는 회중으로 한다. 즉, 교회가 장애인의 신앙 성장에 교회 공동체가 함께할 것을 서약함으로써 친히 중개인의 역할을 하겠다고 동의하는 것이다.

3. 반응 혹은 고백의 범위

가. 의사소통이 가능한 장애인의 반응 혹은 고백은 그에게 실시한 세례교육에 근거하여 장애인의 자발적인 시인과 동의에 근거한다.

나. 의사소통이 어려운 장애인의 반응 혹은 고백은 세 가지로 구분해서 시행할 수 있다.

1) 첫째, 장애를 가진 유아(0-6세)일 경우에는 유아세례의 절차를 따라 시행한다.

2) 둘째, 유아세례를 받은 장애인이 헌법이 정한 일정한 연령(13세)에 도달한 경우에, 중보자의 믿음에 근거하여 입교 절차를 시행한다. 입교예식은 장애인의 법적 대리인 혹은 교회 공동체에 속한 회중이 장애인을 교회 공동체의 일원으로 받아들일 뿐만 아니라 그의 신앙 성장을 위하여 기도와 사랑으로 돌보아야 할 책임을 고백함으로써 시행된다.

3) 셋째, 장애를 가진 아동(7-12세)이나 성인의 경우, 헌법이 정한 일정한 연령이 되어서 교회 예배에 참석하고, 관계 부서에서 이를 근거로 하여 세례를 주기에 합당하다고 인정할 경우, 장애인에게 세례를 베풀되 장애인의 법적 대리인 혹은 교회 공동체에 속한 회중이 그를 교회 공동체의 일원으로 받아들일 뿐 아니라 그의 신앙 성장을 위하여 기도와 사랑으로 돌보아야 할 책임을 고백함으로써 시행할 수 있다.

4. 발달장애인의 세례교육, 문답 그리고 예식

가. 의사소통이 가능한 발달장애인

1) 세례교육

가) 장애인의 경우 그의 인지 능력이나 언어 표현 능력에 알맞은 세례교육이 필요하다. 교육은 개별적이며 반복적으로 이루어져야 하고, 일정 기간 동안 집중하여 실시할 수 있다.

나) 기간은 세례문답 8주 전에 시작하여 주 1회씩 8회기 동안 다음과 같은 내용으로 교육할 수 있다. (1) 하나님의 창조와 섭리에 대하여 (2) 예수님의 죽으심과 부활에 대하여 (3) 성령님의 돌보심에 대하여 (4) 인간의 죄와 구원에 대하여 (5) 교회와 예배에 대하여 (6) 성경에 대하여 (7) 가정과 사회에 대하여 (8) 세례와 성찬에 대하여

다) 각 내용에 대한 시청각자료를 준비하여 실시하되 가장 중요한 내용을 간추려 단순화해야 한다. 이해 능력을 고려하여 알아듣기 쉬운 말을 사용하고 이해 여부를 확인한다.

라) 문답은 언어 표현이 가능한 경우 "예", "아니오"로 대답할 수 있도록 하고, 언어 표현이 어렵고 신체 표현이 가능한 경우에는 그림을 사용하여 손가락으로 짚는다거나 그 외의 비언어적 표현을 하도록 한다.

2) 문답

가) 언어 표현이 가능한 장애인의 문답

① 하나님이 세상을 만드신 것을 믿습니까?

② 예수님이 나를 위해 죽으셨고 부활하신 것을 믿습니까?

③ 성령님이 나를 지금 지켜주신다는 것을 믿습니까?

④ 나는 죄인이지만 예수님을 통하여 구원받게 된 것을 믿습니까?

⑤ 교회에 빠지지 않고 예배를 드리겠습니까?

⑥ 성경이 하나님의 말씀인 것을 믿습니까?

⑦ 다른 사람들과 사이좋게 지내겠습니까?

⑧ 세례받고 새사람이 될 것을 약속합니까?

나) 신체 표현이 가능한 장애인의 문답

① 누가 세상을 만들었나요? 짚어보세요. ("하나님"과 "공사하는 사람"의 그림을 제시한다.)

② 예수님이 십자가에 달려 죽으셨다가 어떻게 되었나요? ("동굴 안에 누워있는 예수님"과 "살아나 동굴 밖에 계신 예수님" 그림을 제시한다.)

③ 하나님이 나하고 멀리 있나요? 가까이 있나요? ("하나님과 가까이 있는 사람"과 "하나님과 멀리 떨어져 있는 사람"의 그림을 제시한다.)

④ 더러운 내가 누구 때문에 깨끗해졌나요? ("예수님"과 "청소부" 그림을 제시한다.)

⑤ 예수님 믿는 사람들이 모인 곳은 어디인가요? ("교회"와 "놀이터" 그림을 제시한다.)

⑥ 하나님이 하신 말씀이 어디에 적혀 있나요? ("성경"과 "만화책" 그림을 제시한다.)

⑦ 싸우는 사람이 되고 싶어요, 사이좋게 지내는 사람이 되고 싶어요? ("싸우는 모습"과 "사이좋은 친구" 그림을 제시한다.)

⑧ 나는 세례를 받고 어떤 사람이 되고 싶어요? ("더러운 사람"과 "깨끗한 사람" 그림을 제시한다.)

다) 의사소통이 가능한 장애인의 문답

① 하나님 앞에 죄인인 줄 알며 그의 진노를 면치 못할 줄 알고 그의 크신 자

비하심에서 구원 얻는 것 외에 소망이 없는 줄로 믿습니까?

② 그리스도께서 하나님의 아들 되심과 죄인의 구주가 되신 줄 믿으며, 성경에서 말한 바와 같이 당신을 구원하실 이는 오직 예수님뿐이신 줄 알고 그를 믿으며, 그에게만 의지해야 한다는 것을 믿습니까?

③ 지금 성령의 은혜만 의지하고 그리스도를 따르는 자가 되기 위해 모든 죄악을 버리고 그의 가르침과 본을 따라 살기로 서약합니까?

④ 교회의 관할과 가르침에 복종하고 교회에 덕을 세우는 일에 힘쓰며 교인으로서의 의무와 권리를 바르게 행사하기로 서약합니까?

이상과 같은 서약에 "예, 믿습니다.", "예, 서약합니다."라는 대답을 받고, 목사가 이렇게 말하면서 세례를 베푼다.

"______에게 내가 성부와 성자와 성령의 이름으로 세례를 주노라. 아멘."

그 후에 그들이 그리스도교 공동체의 일원이 된 것을 선언한다. 그들이 신앙과 생활에 충실할 수 있도록 간단한 권면을 한 후에 축복기도로 이 예전을 마친다.

나. 지적 능력이 현저히 낮아 의사소통이 불가능한 장애인의 세례교육, 문답

지적 능력이 현저하게 낮아 의사소통이 불가능한 장애인의 세례는 회중에 대한 교육과 문답을 통해 다음과 같이 시행한다. 세례는 전체 교회의 행위이므로 공중예배에서 회중의 참여 가운데 베풀어져야 한다. 이때 세례의 의미와 함께 말씀의 선포가 있어야 한다. 또한 세례자의 명단은 당회록에 기록해야 하고, 세례교인 명부에도 기록해야 한다. 세례는 일생에 단 한 번만 받을 수 있기 때문에 교단이 인정하는 타교단의 교회에서 세례를 받은 자에게는 다시 베풀지 아니한다.

1) 장애유아 세례

장애유아 세례는 그들의 신앙을 자기의 입으로 응답할 수 있기 이전에도 하나님의 사랑을 받고 있는 자녀임을 증거하는 표이다. 이 세례는 부모 가운데 한 사람 이상이 세례교인일 때 베풀 수 있다. 그 자녀를 믿음 안에서 양육하여 장성할 때까지

뿐만 아니라 죽을 때까지 하나님을 사랑하고 예수 그리스도를 섬기는 생활을 하도록 책임질 것을 권면하고 다음과 같은 서약을 한다.

가) 여러분은 어린이도 예수 그리스도의 피로 씻음과 성령의 새롭게 하시는 은혜를 받아야 한다는 것을 믿습니까?

나) 여러분이 자신의 구원을 위하여 전력하는 것과 같이 이 어린이도 주 예수 그리스도를 신뢰함으로써 구원 얻을 줄 믿습니까?

다) 여러분은 자녀를 하나님께 바치고 겸손한 마음으로 하나님의 은혜를 의지하여 친히 경건한 본을 보이기를 힘쓰며 그리스도 안에서 믿음으로 양육하기로 서약합니까?

그리고 교회의 회중에게도 합당한 책임 이행에 관한 약속을 하고, 동시에 목사가 간단히 기도를 드린 후에 다음과 같이 말하면서 물로 세례를 베푼다.

"______에게 내가 성부와 성자와 성령의 이름으로 세례를 주노라. 아멘."

이어서 세례받은 어린이와 그 부모, 그리고 이 성례전에 함께 참여한 회중을 위해서 기도를 드린 후에 이 예식을 마친다.

2) 장애인 입교

지적 능력이 현저하게 낮아 의사소통이 불가능한 장애인의 입교는 유아세례를 받은 장성한 사람을 교회의 일원으로 받아들이는 의식이다. 이 입교예식을 통하여 교회는 그에게 교인으로서의 의무와 권리를 부여한다. 목사는 장애인의 중개인 혹은 교회 공동체에 속한 회중으로 하여금 장애인을 교회 공동체의 일원으로 받아들일 뿐 아니라 그의 신앙 성장을 위하여 기도와 사랑으로 돌보아야 할 책임이 있음을 고백하도록 하며, 회중 앞에서 이 사실을 확인하고, 그가 입교인 됨을 공포해야 한다.

3) 아동 및 성인 장애인 세례

아동 및 성인 장애인 세례는 유아세례를 받지 않은 사람이 헌법이 정한 일정한 연령에 도달한 후에 예수 그리스도를 구주로 영접하고 신앙을 고백하여 교인이 되고자 할 때 세례를 받도록 하는 것이다. 지적 능력이 현저하게 낮아 의사소통이 불가능한 사람이 세례를 받기 전에, 당회는 일정 기간의 교회 생활을 근거로 하여 장애인의 법적 대리인 혹은 교회 공동체에 속한 회중이 장애인을 교회 공동체의 일원으로 받아들일 뿐 아니라 그의 신앙 성장을 위하여 기도와 사랑으로 돌보아야 할 책임을 고백하도록 한 후, 당회의 결의를 거쳐서 공중예배에서 세례를 받도록 하고 교인 명부에 기록한다.

다. 지적 능력이 현저히 낮아 의사소통이 불가능한 장애인의 세례예식

세례의 예식은 목사가 회중에게 장애인 세례의 의미를 선포한 후 다음과 같이 말하고 서약을 해야 한다.

"공식적으로 신앙고백을 하기 위해 이 자리에 참여한 여러분은 다음의 물음에 진지하게 대답하여 하나님과 그의 교회로 더불어 엄숙한 언약을 맺어야 합니다."

① ______ 씨가 하나님 앞에 죄인인 줄 알며 그의 진노를 면치 못할 줄 알고 그의 크신 자비하심에서 구원 얻는 것 외에 소망이 없는 줄로 여러분은 믿습니까?

② ______ 씨가 그리스도께서 하나님의 아들 되심과 죄인의 구주가 되신 줄 믿으며, 성경에서 말한 바와 같이 구원하실 이는 오직 예수님뿐이신 줄 알고 그를 믿으며, 그에게만 의지하도록 돕기로 여러분은 서약합니까?

③ ______ 씨가 지금 성령의 은혜만 의지하고 그리스도를 따르는 자가 되기 위해 모든 죄악을 버리고 그의 가르침과 본을 따라 살 수 있도록, 그와 함께하기로 여러분은 서약합니까?

④ ______ 씨가 교회의 관할과 가르침에 복종하고 교회에 덕을 세우는 일에 힘쓰며 교인으로서의 의무와 권리를 바르게 행사할 수 있도록 지원하기로 여러분은 서약합니까?

이상과 같은 서약에 "예, 믿습니다.", "예, 서약합니다."라는 대답을 받고, 목사가 이렇게 말하면서 세례를 베푼다.

"______에게 내가 성부와 성자와 성령의 이름으로 세례를 주노라. 아멘."

그 후에 그들이 그리스도교 공동체의 일원이 된 것을 선언한다. 그들이 신앙과 생활에 충실할 수 있도록 간단한 권면을 한 후에 축복기도로 이 예전을 마친다.

부록

주기도문　사도신경　십계명　21세기 교리문답

주기도문

하늘에 계신 우리 아버지,
아버지의 이름을 거룩하게 하시며 아버지의 나라가 오게 하시며,
아버지의 뜻이 하늘에서와 같이 땅에서도 이루어지게 하소서.
오늘 우리에게 일용할 양식을 주시고,
우리가 우리에게 잘못한 사람을 용서하여 준 것같이,
우리 죄를 용서하여 주시고,
우리를 시험에 빠지지 않게 하시고, 악에서 구하소서.
나라와 권능과 영광이 영원히 아버지의 것입니다. 아멘.

사도신경

나는 전능하신 아버지 하나님, 천지의 창조주를 믿습니다.
나는 그의 유일하신 아들, 우리 주 예수 그리스도를 믿습니다.
그는 성령으로 잉태되어 동정녀 마리아에게서 나시고,
본디오 빌라도에게 고난을 받아 십자가에 못 박혀 죽으시고,
장사된 지 사흘 만에 죽은 자 가운데서 다시 살아나셨으며,
하늘에 오르시어 전능하신 아버지 하나님 우편에 앉아 계시다가,
거기로부터 살아 있는 자와 죽은 자를 심판하러 오십니다.
나는 성령을 믿으며, 거룩한 공교회와 성도의 교제와
죄를 용서받는 것과 몸의 부활과 영생을 믿습니다. 아멘.

십계명

제1계명
너는 나 외에는 다른 신들을 네게 두지 말라.
제2계명
너를 위하여 새긴 우상을 만들지 말고, 또 위로 하늘에 있는 것이나, 아래로 땅에 있는 것이나, 땅 아래 물 속에 있는 것의 어떤 형상도 만들지 말며, 그것들에게 절하지 말며, 그것들을 섬기지 말라.
제3계명
너는 네 하나님 여호와의 이름을 망령되게 부르지 말라.
제4계명
안식일을 기억하여 거룩하게 지키라.
제5계명
네 부모를 공경하라.
제6계명
살인하지 말라.
제7계명
간음하지 말라.

제8계명

도둑질하지 말라.

제9계명

네 이웃에 대하여 거짓 증거하지 말라.

제10계명

네 이웃의 집을 탐내지 말라. 네 이웃의 아내나 그의 남종이나 그의 여종이나, 그의 소나 그의 나귀나, 무릇 네 이웃의 소유를 탐내지 말라.

21세기 교리문답

I. 성경에 대하여

1. 성경은 사람의 제일 되는 목적을 무엇이라 가르칩니까?

답 성경은 사람의 제일 되는 목적을 하나님을 영화롭게 하고 그를 영원토록 즐거워하는 것이라 합니다(사 43:21; 롬 11:36; 고전 10:31; 엡 1:6).

2. 기독교의 정경으로서 성경은 어떤 책입니까?

답 기독교의 정경인 성경은 구약 39권과 신약 27권을 합한 66권으로 되어있습니다. 하나님의 말씀인 성경은 하나님의 영감으로 기록된 책으로(딤후 3:16-17; 벧후 1:21), 성경을 바로 이해하기 위해서는 성령님의 조명이 필요합니다.

3. 구약과 신약의 차이점과 연속성은 무엇입니까?

답 구약은 옛 언약을 뜻하며 신약은 새 언약을 의미합니다. 구약은 완전한 계시인 신약의 예수 그리스도를 바라보게 하며(히 12:24; 요 5:39, 46), 신약은 구약의 약속된 말씀을 회상하면서(사 42:6, 49:8) 장차 오실 예수 그리스도와 새 하늘과 새 땅을 바라보게 합니다(계 21:1-8).

4. 성경의 주된 가르침은 무엇입니까?

답 성경의 중심 메시지는 예수 그리스도입니다. 성경은 우리에게 삼위일체 되시는 하나님과 그의 말씀이신 예수 그리스도에 대한 믿음의 길(요 3:16)과 하나님께서 우리에게 요구하시는 의무(미 6:8)에 대하여 가르칩니다. 성경은 불순종으로 타락하여 비참하게 된 인간들(창 3:8, 19; 마 25:41)이 예수 그리스도를 믿음으로 죄가 사해져 구원받게 되며(행 16:31), 이 구원으로 말미암아 온 세상과 피조물이 새롭게 됨을 가르치는 책입니다(요 20:31). 우리는 성경 말씀을 통해 예수 그리스도의 복음 전파와 하나님 나라 구현의 사명을 깨닫게 됩니다(막 1:15). 이에 있어 사도신경은 우리에게 구원과 믿음의 길에 대해 설명하며, 십계명은 하나님께서 우리에게 요구하시는 의무들을 지킬 것을 말합니다. 우리는 믿음 안에서 은혜의 수단이 되는 말씀과 기도와 성례를 통해 주님의 명령을 준행할 힘을 얻게 되는 것입니다.

5. 성경 66권을 분류하십시오.

답 성경 66권은 다음과 같이 분류됩니다.

<table>
<tr><th>구분</th><th colspan="3">분류</th><th>권수</th><th>책명</th></tr>
<tr><td rowspan="5">구약</td><td colspan="3">율법서</td><td>5</td><td>창, 출, 레, 민, 신</td></tr>
<tr><td colspan="3">역사서</td><td>12</td><td>수, 삿, 룻, 삼상, 삼하, 왕상, 왕하, 대상, 대하, 스, 느, 에</td></tr>
<tr><td colspan="3">성문서(시가서)</td><td>5</td><td>욥, 시, 잠, 전, 아</td></tr>
<tr><td rowspan="2">예언서</td><td colspan="2">대예언서</td><td>5</td><td>사, 렘, 애, 겔, 단</td></tr>
<tr><td colspan="2">소예언서</td><td>12</td><td>호, 욜, 암, 옵, 욘, 미, 나, 합, 습, 학, 슥, 말</td></tr>
<tr><td rowspan="7">신약</td><td colspan="3">복음서</td><td>4</td><td>마, 막, 눅, 요</td></tr>
<tr><td colspan="3">역사서</td><td>1</td><td>행</td></tr>
<tr><td rowspan="4">서신서</td><td rowspan="3">바울서신</td><td>교리서신</td><td>6</td><td>롬, 고전, 고후, 갈, 살전, 살후</td></tr>
<tr><td>옥중서신</td><td>4</td><td>엡, 빌, 골, 몬</td></tr>
<tr><td>목회서신</td><td>3</td><td>딤전, 딤후, 딛</td></tr>
<tr><td colspan="2">공동서신</td><td>8</td><td>히, 약, 벧전, 벧후, 요일, 요이, 요삼, 유</td></tr>
<tr><td colspan="3">예언서(묵시서)</td><td>1</td><td>계</td></tr>
</table>

6. 구원을 얻게 함에 있어 말씀을 효력 있게 하는 방편은 무엇입니까?

답 성경은 하나님의 말씀이신 예수 그리스도를 우리에게 증언합니다. 성령님께서는 성경을 읽는 것과 이것에 근거한 설교를 하나의 효과적인 방편으로 삼으셔서(요 5:39; 롬 10:13-15), 죄를 깨닫게 하시고 회심하게 하시며(행 2:37), 또한 거룩함과 위로로써 우리를 세우셔서 구원에 이르게 하십니다(롬 10:10-13; 엡 2:8-9; 살전 1:6).

7. 말씀이 구원에 이르는 데에 효력 있게 하려면 우리는 어떻게 말씀을 읽고 들어야만 합니까?

답 우리는 기도로 성실하게 준비하여 집중하여 말씀을 읽어야 하며(신 6:5-9; 벧전 2:1-2), 성령님의 조명을 통해(요 14:26) 믿음과 사랑으로 받아들이고(히 4:2), 우리의 마음속에 간직함으로, 삶의 현장에서 그 말씀을 실천해야 합니다(약 1:21-22; 요일 4:20-21).

II. 사도신경에 대하여

8. 사도신경의 내용은 무엇입니까?

답 나는 전능하신 아버지 하나님, 천지의 창조주를 믿습니다.

나는 그의 유일하신 아들, 우리 주 예수 그리스도를 믿습니다.
그는 성령으로 잉태되어 동정녀 마리아에게서 나시고,
본디오 빌라도에게 고난을 받아 십자가에 못 박혀 죽으시고,
장사된 지 사흘 만에 죽은 자 가운데서 다시 살아나셨으며,
하늘에 오르시어 전능하신 아버지 하나님 우편에 앉아 계시다가,
거기로부터 살아 있는 자와 죽은 자를 심판하러 오십니다.

나는 성령을 믿으며, 거룩한 공교회와 성도의 교제와
죄를 용서받는 것과 몸의 부활과 영생을 믿습니다.
아멘.

9. 사도신경의 형성 과정에 대해 설명하십시오.

답 헬라어를 쓴 동방교회는 니케아-콘스탄티노플 신조를 콘스탄티노플에서 열린 제2차 에큐메니칼 공의회에서 결의하여 제정하였습니다. 반면 사도신경은 라틴어를 쓴 서방교회의 신조로서 오랜 기간에 걸쳐 형성된 신앙고백입니다. 사도신경은 여러 과정을 거쳐 지금의 프랑스 지역에서 보편화 되어 8세기경에 '공인된 문서'가 되었습니다.

10. 사도신경의 전체적 구조는 무엇입니까?

답 사도신경은 기독교 교리의 요약입니다. 초대교회의 신앙고백은 두 종류로, 기독론적 신앙고백(마 16:16)과 삼위일체적 신앙고백이 있었습니다(고후 13:13). 사도신경에 삼위일체란 표현은 등장하지 않지만 삼위일체적 신앙고백으로서, 창조주 하나님 아버지, 구속자이신 아들 예수 그리스도, 그리고 구원자 성령님에 대해 고백합니다. 인간의 타락으로 단절된 하나님과 인간 사이의 관계가 그리스도와 성령님을 통한 구원으로 말미암아 화해되었고(고후 5:18-19), 하나님과 인간과 온 피조물들이 서로 간의 교제를 회복하여 하나님 나라를 이루게 됨을 사도신경은 고백합니다(골 1:20).

11. "나는 전능하신 아버지 하나님, 천지의 창조주를 믿습니다."는 무엇을 의미합니까?

답 신앙고백은 교회가 공동으로 고백하는 것이면서 또한 내가 고백해야 합니다(히 12:1). 사도신경의 첫 단락은 먼저 하나님을 전능하신 우리의 아버지로 고백합니다(고후 6:18). 하나님께서는 하늘 위에 계셔서 온 우주 만물을 주관하시는 분이시며, 우리의 아바 아버지(막 14:36; 갈 4:6)로서 우리 곁에 계시고 만유 안에 그리고 만유를 통하여 현존하시는 분이십니다(엡 1:23, 4:6). 하나님께서는 태초에 엿새 동안 온 우주를 무로부터 말씀으로 창조하셨을(창 1:1; 요 1:3) 뿐만 아니라, 그의 형상에 따라 사람을 창조하셨습니다(창 1:26). 그 하나님은 우리를 부르셔서 구원으로 예정한 분이시며(엡 1:4-5), 아직도 이 우주를 다스리시고 섭리하시는 분이십니다(시 103:19).

12. "나는 그의 유일하신 아들, 우리 주 예수 그리스도를 믿습니다."는 무엇을 의미합니까?

답 사도신경의 두 번째 단락은 예수 그리스도께서 참 하나님이시며 참 인간으로서 우리의 중보자가 되심을 말합니다. 그분은 영원 전에 아버지 하나님으로부터 태어나신 하나님의 유일한 아들이십니다. 그분은 예언자, 왕, 제사장의 중보자적 직분을 가지시고(딤전 2:5; 히 9:15) 인류와 우주만물(골 1:20; 엡 1:10)을 하나님과 화목하게 하셨습니다(롬 5:1, 11).

13. "그는 성령으로 잉태되어 동정녀 마리아에게서 나시고"는 무엇을 의미합니까?

답 예수 그리스도께서는 우리와 교제하기 위해 동정녀 마리아에게서 태어나신 분으로 하나님의 아들로서 참 인간의 모습으로 이 땅 위에 오셨습니다(빌 2:7-8). 예수 그리스도께서 성령으로 잉태되셨다는(마 1:20) 고백은 죄가 없으신(히 4:15) 영원한 하나님의 아들이심을 드러냅니다(마 3:17).

14. "본디오 빌라도에게 고난을 받아 십자가에 못 박혀 죽으시고"는 무엇을 의미합니까?

답 예수 그리스도께서는 본디오 빌라도에 의해 고난 받으셨으며(마 27:24), 인류의 죄를 대속하기 위해 십자가를 지셨습니다. 우리를 향한 하나님의 진노를 대신하신 그리스도의 희생을 통해, 인류와 우주 만물(골 1:20; 엡 1:10)은 하나님과 화해케 되었습니다(벧전 2:24, 고후 5:18-19). 예수 그리스도의 십자가는 죄와 죽음의 권세를 깨뜨리신 하나님의 놀라운 사랑과 속죄의 은총을 나타냅니다(롬 3:19-31; 고후 5:17-21; 고전 15:24).

15. "장사된 지 사흘 만에 죽은 자 가운데서 다시 살아나셨으며"는 무엇을 의미합니까?

답 그의 십자가의 죽음이 우리 죄의 대속인 것처럼, 그의 부활은 우리의 새로운 삶의 시작이 됩니다(고전 15:20). 우리의 옛 자아가 십자가에서 함께 죽으므로, 그리스도로 말미암아 새 자아로 거듭나게 됩니다(골 2:12). 우리는 그리스도와 연합하여 죽음에서 벗어나 영생의 삶을 누리게 됩니다(갈 2:20).

그분은 하나님이셨지만 낮고 천한 이 땅 위에 오셔서 고난을 당하시고 결국에는 십자가에 달리시는 연약한 모습을 보이셨습니다(막 15:25). 그러나 우리는 인자로서의 예수님의 고난과 연약함에서 하나님의 아들로서의 능력과 영광과 존귀함을 바라보게 됩니다(막 8:29-31, 9:7-9). 예수 그리스도께서는 인간과의 교제를 위해 높은 하늘 위에서 이 땅으로 내려오신 분입니다.

16. "하늘에 오르시어 전능하신 아버지 하나님 우편에 앉아 계시다가, 거기로부터 살아 있는 자와 죽은 자를 심판하러 오십니다."는 무엇을 의미합니까?

답 예수 그리스도께서는 자신을 낮추시어 이 땅에 연약한 모습으로 오셨습니다. 그러나 하나님께서는 그를 지극히 높여 하나님 아버지의 보좌 우편에 앉도록 하셨습니다(막 16:19; 빌 2:8-10). 예수 그리스도께서는 마지막 때에 인간을 심판하러 오시는 재림주로서(행 1:11) 인간의 모든 행위를 심판하십니다(고후 5:10).

17. "나는 성령을 믿으며"는 무엇을 의미합니까?

답 사도신경의 세 번째 단락은 성령 하나님에 대한 고백입니다. 성부와 성자와 함께 영원한 하나님이 되시는 성령님께서는(고전 2:14) 우리에게 믿음과 생명을 주시며(고전 12:3), 우리를 성화시키시고(고전 6:11), 각종 은사들을 후히 주시며, 몸의 부활과 영생을 주십니다(고전 12:8-11). 성령님께서는 인간과 온 피조세계에 그리스도의 구원 사역을 구체적으로 적용시키시는 분입니다(엡 1:13).

18. "거룩한 공교회와"는 무엇을 의미합니까?

답 교회는 죄악과 죽음의 세상으로부터 부름 받은 하나님 백성들의 모임이며(행 2:37-47, 16:5; 딤전 3:15), 세상을 향하여 파송 받아 흩어지는 공동체입니다(요 20:21). 교회는 인간의 구원과 창조세계의 회복을 위한 하나님 은혜의 수단이며 통로입니다(고전 1:2-3). 우리 눈에 보이는 교회가 불완전하며 외형적으로는 분열된 모습으로 나타나기도 하지만, 우리는 교회를 성령님의 전(고전 3:16)이고, 그리스도의 몸(고전 12:12-27)이며, 하나님의 백성(벧전 2:9)으로서 하나의, 거룩한, 보편적, 사도적 교회로 고백합니다(엡 4:4-6, 5:27). 세계 역사상의 모든 교회는 예수 그리스도를 머리로 하여 주 안에서 한 몸(엡 1:23)을 이루는 보편적인 공교회입니다.

19. "성도의 교제와"는 무엇을 의미합니까?

답 성부 성자 성령의 삼위일체적 교제는 하나님과 인간의 교제로 확장되며, 또한 인간과 인간 사이의 교제로 이어집니다(요 17:21-24). 성령님께서는 우리를 복음 설교와 세례를 통하여 거듭나게 하셔서 하나님 나라의 구성원이 되게 하시며, 그리스도의 몸에 속한 지체들이 되게 하십니다(고전 12:12-27). 이와 같이 삼위일체 하나님의 공동체에 참여한 성도들은 하나님의 은혜 안에서 영육 간의 무거운 짐들을 함께 나누면서, 이웃 사랑과 하나 됨의 삶을 살아야 합니다(시 133:1-3).

20 "죄를 용서받는 것과"는 무엇을 의미합니까?

답 하나님께서는 인간을 하나님의 형상에 따라 선하게 창조하셨지만(창 1:27), 아담을 비롯한 인류는 하나님의 뜻을 저버리고 죄에 빠져 타락하게 되었습니다(창 3:6). 우리 모두 하나님의 명령을 지킬 수 없는 죽을 수밖에 없는 죄인들이 되었습니다(롬 3:9-18). 이런 죄된 인간을 위해 하나님께서는 독생자 예수 그리스도를 보내셨습니다(요 3:16). 예수 그리스도께서는 우리를 위해 십자가에서 돌아가신 후 사흘 만에 부활하셨습니다(행 10:39-41). 우리는 이 같은 주님의 은혜에 의해 믿음을 통하여(롬 1:17) 죄에서 구원받아 죽음으로부터 벗어나게 되며, 성령님 안에서 중생한 존재들로 성화됩니다(롬 8:1-6; 요 3:3). 죄로부터 구원받은 인간은 하나님 앞에서 죄인임에도 불구하고 의인인 존재들입니다.

21. "몸의 부활과"는 무엇을 의미합니까?

답 우리는 몸의 부활을 소망합니다. 예수 그리스도께서 영광스런 몸으로 부활하신 것 같이 우리도 영광된 몸으로 부활하게 됩니다. 몸의 부활은 타종교에는 없는 교리로 예수 그리스도를 통해 계시된 신자들만의 감격스런 소망입니다. 우리는 변화산에서 아름다운 모습으로 변화하신(막 9:2-3) 예수 그리스도처럼 변화되게 됩니다. 예수 그리스도를 믿는다는 것은 이 영광스러운 부활의 삶이 시작되는 것을 의미합니다. 우리는 죽어도 죽지 않습니다. 왜냐하면 예수 그리스도를 믿는 사람들은 "죽어도 살고 살아서 믿는 자들은 영원히 죽지 않기"(요 11:25-26) 때문입니다. 이 땅에서 우리가 갖고 있는 몸은 약하고 천한 몸이지만, 장차 우리는 강하고 썩지 않는 영광스러운 몸(고전 15:42-44)으로 다시 살게 됩니다.

22. "영생을 믿습니다."는 무엇을 의미합니까?

답 신자들은 장차 부활체로 변형되어(막 9:2-9) 영광의 하늘나라에서 영원히 살게 됩니다(요 6:58, 14:3; 시 23:6). 우리는 그곳에서 성부 성자 성령과의 영원한 교제에 들어가며, 하나님과 인간, 인간과 인간, 그리고 인간과 모든 피조물이 새 하늘과 새 땅에서 함께 어우러져(계 21:1), 하나님을 예배하며 영원한 교제를 이루는 축복과 생명의 나라에 참여하게 됩니다(계 7:15-17, 22:3-5). 이러한 종말의 사건은 우리에게 아직 완성되지 않은 미래의 일임과 동시, 예수 그리스도의 처음 오심과 함께 이미 역사 안에서 선취된 일입니다(마 12:28; 요 3:18-21, 11:26).

Ⅲ. 십계명에 대하여

23. 출애굽기 20장 1절부터 17절까지의 십계명의 내용은 무엇입니까?

답 우리는 그 내용을 아래와 같이 간추릴 수 있습니다.

하나님이 이 모든 말씀으로 말씀하여 이르시되 나는 너를 애굽 땅, 종 되었던 집에서 인도하여 낸 네 하나님 여호와니라

제1계명

너는 나 외에는 다른 신들을 네게 두지 말라.

제2계명

너를 위하여 새긴 우상을 만들지 말고, 또 위로 하늘에 있는 것이나, 아래로 땅에 있는 것이나, 땅 아래 물 속에 있는 것의 어떤 형상도 만들지 말며, 그것들에게 절하지 말며, 그것들을 섬기지 말라.

제3계명

너는 네 하나님 여호와의 이름을 망령되게 부르지 말라.

제4계명

안식일을 기억하여 거룩하게 지키라.

제5계명

네 부모를 공경하라.

제6계명

살인하지 말라.

제7계명

간음하지 말라.

제8계명

도둑질하지 말라.

제9계명

네 이웃에 대하여 거짓 증거하지 말라.

제10계명

네 이웃의 집을 탐내지 말라. 네 이웃의 아내나 그의 남종이나 그의 여종이나, 그의 소나 그의 나귀나, 무릇 네 이웃의 소유를 탐내지 말라.

24. 십계명의 주된 내용은 무엇입니까?

㉰ 십계명의 앞부분의 네 계명들은 우리의 온 마음과 영혼과 뜻과 힘을 다하여 하나님을 사랑할 것을 명하고 있으며(신 6:5; 막 12:30), 뒷부분 여섯 계명들은 우리가 우리의 이웃들에게 어떤 의무를 가지고 있으며 어떻게 사랑해야 하는지 가르칩니다(마 22:37-39).

25. 출애굽기 20장 2절에 기록된 십계명의 머리말은 무엇이며, 그것은 어떤 의미를 갖습니까?

㉰ "나는 너를 애굽 땅, 종 되었던 집에서 인도하여 낸 네 하나님 여호와니라"이며, 그 의미는 하나님께서 우리의 주님이시며 구원자이시며 해방자이시므로(사 43:11), 우리는 하나님의 모든 계명들을 지켜야 한다는 것입니다(신 4:39-40).

26. 처음 돌비에 적힌 네 계명은 무엇입니까?

㉰ 전반부의 네 계명은 하나님을 사랑하고 하나님께만 예배드려야 함을 강조합니다. 제1계명은 하나님께만 예배드릴 것을 말하며(왕하 17:36), 제2~4계명은 그

하나님께 예배드리는 방법에 대해 언급합니다(신 6:4-5). 하나님 대신 우상을 숭배해서는 안 되며, 하나님의 이름을 망령되게 곧 헛되거나 함부로 불러서도 안 되고, 안식일을 기억하여 거룩히 지켜야 합니다.

27. 나머지 여섯 계명은 무엇을 의미합니까?

답 나머지 여섯 계명은 이웃에 대한 의무사항들입니다. 이 여섯 계명들은 이웃 사랑을 강조하는 명령들로, 사적이며 공적인 차원에서 정의와 평화를 실천해야 함을 강조합니다. 제10계명은 앞의 계명들을 요약하고 있습니다. “네 이웃의 집을 탐내지 말라.”고 명하시면서, 제6~9계명에서 언급된 욕심내지 말아야 할 것들을 열거합니다(약 1:15). 이웃의 생명과 아내와 재산과 명예입니다(마 5:27-37).

야고보서 1장 15절에는 “욕심이 잉태한즉 죄를 낳고 죄가 장성한즉 사망을 낳느니라”라는 말씀이 있습니다. 마음의 욕심이 우리로 죄를 짓게 하며(마 15:19), 죄의 결과 온갖 불행과 파멸이 인간에게 오게 됩니다. 반면 마음의 덕은 우리로 하여금 선을 행하게 하며, 그러한 선은 우리에게 행복을 가져다줍니다. 우리는 이런 욕심과 죄로부터 자유롭기 위해 하늘의 지혜를 구해야 하며(약 3:17), 성령님 안에서 거듭난 사람이 되어야 합니다(갈 5:16-26).

28. “너는 나 외에는 다른 신들을 네게 두지 말라.”는 제1계명은 무엇을 요구하거나 금합니까?

답 제1계명이 요구하는 것은 만유를 창조하시고 인간을 해방하신 하나님만을 참 신으로 알고 영화롭게 하라는 것이며(사 42:8; 마 4:10), 이 계명이 금하는 것은 다른 신을 숭배하거나 하나님의 영광을 한 부분이라도 다른 대상에게 돌리는 일입니다.

29. “너를 위하여 새긴 우상을 만들지 말고, 또 위로 하늘에 있는 것이나, 아래로 땅에 있는 것이나, 땅 아래 물 속에 있는 것의 어떤 형상도 만들지 말며, 그것들에게 절하지 말며, 그것들을 섬기지 말라.”는 제2계명은 무엇을 요구하거나 금합니까?

답 제2계명은 우상숭배하지 말 것을 명합니다. 이 계명은 우리 신자들이 눈에 보이는 우상을 통해서가 아니라 영으로 곧 영적으로 예배드릴 것을 요구합니다(신 32:46; 요 4:24). 제2계명은 이 세상의 자연물을 하나님으로 섬기며 인간의 손이나 생각으로 만든 형상을 섬김의 대상으로 여기는 것과 하나님께서 명령하신 방식이 아닌 다른 방법을 통해 하나님께 예배드리는 것을 금합니다(삼상 15:23; 마 15:9).

30. "너는 네 하나님 여호와의 이름을 망령되게 부르지 말라."는 제3계명은 무엇을 요구하거나 금합니까?

답 제3계명은 하나님의 이름(시 29:2)과 속성(계 15:3-4)과 말씀(시 138:2)과 사역(시 107:21-22)을 거룩하게 여기고 존경할 것을 요구합니다. 이 계명이 금하는 것은 하나님을 모독하거나 하나님의 이름을 아무 의미없이 함부로 부르는 것입니다. 우리는 우리의 정신을 모아 진정으로 주님을 경배해야 합니다(요 4:24). 신자는 개인적이든 공적이든 우리의 삶 전체를 통하여 하나님께 영광을 돌리며 그의 이름이 거룩히 여김을 받게 해야 할 책무가 있습니다.

31. "안식일을 기억하여 거룩하게 지키라."는 제4계명은 무엇을 요구하거나 금합니까?

답 제4계명은 안식일을 기억하여 온 힘을 다해 예배에 집중할 것을 말합니다. 구약은 한 주간의 제7일을 안식일로 정하고 있지만, 그리스도께서 부활하신 후부터는 한 주간의 첫째 날을 '주님의 날'로 정하고 있습니다(계 1:10). '주님의 날' 곧 주일은 하나님께서 독생자 예수 그리스도를 죽은 자들 가운데서 부활시키신 새 창조의 첫날이기 때문입니다(마 28:1-6). 이 계명이 금하는 것은 예배의 의무를 소홀히 하여, 우리의 힘을 세상 업무나 오락에 사용함으로써 주일의 의미를 훼손하는 것입니다(사 58:13). 이에 우리는 온 힘과 몸을 바쳐 주께 예배해야 합니다(신 6:5; 막 12:30; 롬 12:1-2).

32. "네 부모를 공경하라."는 제5계명은 무엇을 요구하거나 금합니까?

답 제5계명은 삼위일체 하나님을 사랑하는 자는 부모를 포함한 모든 이웃을 사랑하고 존중하여야 함을 요구합니다(엡 6:1-4; 벧전 2:17). 하나님에 대한 사랑은 부모에 대한 공경으로 이어지고, 부모에 대한 공경은 교회와 사회와 국가 등의 선한 권위와 질서에 대한 순종을 가능케 합니다. 가족 간의 관계는 모든 관계의 기본이 되는 것으로 이 관계가 바로 되지 않으면 이웃들과 자연과의 관계도 어그러지게 됩니다.

33. "살인하지 말라."는 제6계명은 무엇을 요구하거나 금합니까?

답 제6계명은 힘써 인간과 온 피조물의 생명을 존중하고 보존할 것을 요구합니다(엡 5:29; 창 9:5-6). 이 계명이 금하는 것은 자신의 생명이나 다른 사람의 생명을 부당하게 끊음입니다. 다른 사람에 대한 마음속의 분노와 미움, 파괴적인 욕망은 우리로 하여금 이웃에게 폭력을 가하고 살인까지 하게 합니다(마 5:21-26). 우리는 우리에게 잘 해주는 사람뿐 아니라 원수도 사랑해야 할 것입니다(마 5:43-47).

34. "간음하지 말라."는 제7계명은 무엇을 요구하거나 금합니까?

답 제7계명은 우리의 몸이 성령님의 전(고전 3:16; 고후 6:16)이므로 마음과 말과 행동에 있어서 정절을 보존할 것을 요구합니다. 이 계명이 금하는 것은 이성과의 관계와 결혼생활에 있어 정숙하지 못한 생각과 말과 행동입니다(마 5:27-28; 엡 4:29). 욕심이 잉태하면 죄를 낳기 마련으로(약 1:15), 마음에 음욕을 품는 자는 결국 간음에 이르게 됩니다(마 5:27-28).

35. "도둑질하지 말라."는 제8계명은 무엇을 요구하거나 금합니까?

답 제8계명은 유형, 무형의 재산을 정당하게 다루며 획득할 것을 요구합니다(레 6:1-7; 잠 10:4). 이 계명은 이웃의 정당한 몫을 정의롭지 못한 방법으로 탈취하는 행위와 불의한 사회구조를 경계합니다. 재물에 대한 욕심은 우상숭배로서(골 3:5; 마 6:24), 우리로 하여금 도둑질을 야기하게 합니다.

36. "네 이웃에 대하여 거짓 증거하지 말라."는 제9계명은 무엇을 요구하거나 금합니까?

답 제9계명은 우리 자신과 이웃과의 진실한 관계를 유지하며 그리스도인답게 살아갈 것을 요구합니다(슥 8:16-17). 특히 법정에서의 증언하는 일에 있어 진실해야 합니다. 이 계명이 금하는 것은 잘못된 의심과 불의한 판단으로 인해 다른 사람들을 거짓으로 고발하거나, 악한 말과 비방으로 남들의 명예를 해치는 행위입니다(레 19:15-16; 마 5:33-37). 우리는 사적이든 공적이든 이웃을 헐뜯거나 중상하거나 나쁘게 이야기하는 모든 언행을 삼갈 필요가 있습니다. 우리는 이웃에게 희망과 용기를 주는 말을 하려고 노력해야 합니다.

37. "네 이웃의 집을 탐내지 말라. 네 이웃의 아내나 그의 남종이나 그의 여종이나, 그의 소나 그의 나귀나, 무릇 네 이웃의 소유를 탐내지 말라."는 제10계명은 무엇을 요구하거나 금합니까?

답 제10계명은 하나님께서 우리에게 주신 복에 감사하며, 다른 사람들의 소유에 대해 바르며 우호적인 마음을 가질 것을 요구합니다(시 1:1-6; 딤전 6:6). 이 계명이 금하는 것은 자기가 받은 하나님의 은혜를 깨닫지 못하고 불평하는 것이며, 탐욕으로 인해 다른 사람의 소유에 대해 부당하게 행동함입니다(갈 5:26). 욕심이 잉태한즉 죄를 낳고 죄가 장성한즉 사망을 낳습니다(약 1:15).

38. 십계명을 위시한 구약의 율법이 우리에게 주는 유익은 무엇입니까?

답 율법은 우리로 하여금 죄를 깨닫게 해주며(롬 7:7, 13), 우리에게 선행을 권장하는 역할을 합니다(마 5:17; 롬 3:31). 율법으로 우리가 구원받는 것은 아니지만, 율법은 우리를 그리스도에 대한 믿음으로 인도하게 합니다(갈 3:23-25). 십계명의 제6계명부터 10계명은 이웃에게 고통 주는 행동을 하지 말 것을 말합니다. 그러나 우리는 이에서 더 나가 이웃에 행복을 주는 사랑의 행동을 하기 위해 노력해야 합니다(마 7:12, 19:20-22; 롬 13:10).

39. 십계명을 위시한 구약 율법의 국가법으로서의 기본 정신은 무엇입니까?

답 모세오경에 나타난 구약의 율법은 이스라엘 백성들에게 하나님의 백성으로서 하나님을 바로 섬겨야 하며 지켜야 할 의무가 있음을 강조합니다(신 7:6-11). 구약의 율법은 국가와 공동체를 유지하기 위한 두 가지의 법적 정신에 대해 강조하는데, 그것은 공정한 재판(신 16:18-19)과 약자 보호(신 15:11, 24:19-21)의 정신입니다. 법치국가와 복지국가를 세우는 것을 구약의 율법은 강조합니다.

40. 사람은 십계명을 완전히 지킬 수 있습니까?

답 인간이 타락한 이래로 하나님의 계명을 온전히 지킬 수 있는 사람은 아무도 없습니다(전 7:20; 약 1:14; 요일 1:8). 십계명은 인간이 얼마나 부족한 죄인인가를 보여주는 거울입니다. 중생 후에도 선을 행할 수 있는 힘은 그들 자신에게서 나온 것이 아니며, 전적으로 성령님께로부터 비롯됩니다(빌 2:13, 4:13). 그러나 우리는 선행을 위해 노력해야 하며 하나님께서는 그런 성실하심을 용납하시며 기뻐하십니다(히 6:10; 마 25:20-23).

41. 그러면 오늘날 기독교인들은 어떻게 살아야 합니까?

답 우리 죄를 회개하고 예수 그리스도를 믿어 참 생명에 이르는 것이 먼저입니다(요 3:16-18; 행 11:18). 이와 함께 하나님을 사랑하고 바르게 예배하며, 이웃을 사랑하여 작은 자를 섬기며 살 것을 성경 말씀은 명령하고 있습니다(마 25:40; 막 12:30-31; 눅 10:26-27).

Ⅳ. 예배와 성례에 대하여

42. 구원을 베푸시는 하나님의 은혜가 우리에게 전해지는 외적인 수단이나 통로는 하나님 말씀과 성례 그리고 기도인데, 그것은 무엇을 의미합니까?

답 예수 그리스도께서 "아버지와 아들과 성령의 이름으로 세례를 베풀고 내가 너희에게 분부한 모든 것을 가르쳐 지키게 하라."고 하셨습니다(마 28:19-20). 구원의 하나님 은혜가 예수 그리스도에 의해 세상에 선포되었습니다. 그리스도께서 선포하신 은혜의 말씀이 성령님의 역사를 통해 항상 새롭게 전달되는 수단들이 있는데, 말씀선포로서의 설교(행 20:32)와 세례(행 2:38-42)와 성찬(고전 11:23-26)으로서의 성례와 기도입니다(요 16:23-24). 우리는 주님의 교회를 통해 하나님의 은혜를 전달받게 되는바, 설교와 성찬과 기도를 포함하는 예배가 은혜를 전달하며 영성을 훈련하는 핵심 수단입니다. 말씀의 선포와 성례가 바르게 집행되는 곳이 교회로서 이 둘은 진정된 교회의 표지입니다. 이러한 하나님의 은혜가 전달되는 외적 수단들은 택함을 입은 자들에게 그리스도에 대한 믿음을 불러일으켜(요 3:5; 요일 5:7-12), 구원에 이르게 하는 효력이 있습니다.

43. 하나님의 은혜가 전달되는 수단으로서 예배는 무엇입니까?

㉰ 우리 삶의 목적은 하나님을 기뻐하며 그분을 경배하고 찬양하는 데 있습니다. 이에 우리에게 예배보다 더 중요한 것은 없습니다. 예배는 삼위일체 하나님께서 베푸신 창조와 구원의 은총과 사역에 감격하여 감사함으로 우리의 삶을 다해 응답하는 산 제사(롬 12:1)로서, 하나님의 은혜가 전달되는 주요한 통로입니다.

44. 예배의 두 측면은 무엇입니까?

㉰ 예배에는 하늘의 하나님께 드리는 찬송과 순종의 제사와 사람을 사랑하여 섬기며 온 피조물들을 보전하는 것으로서의 두 측면이 게재되어 있습니다(히 13:15-16; 고후 9:13). 예배를 통해 우리는 예수 그리스도께서 주신 두 계명인 '하나님 사랑과 이웃 사랑'(마 22:37-40)을 실천하며, 이와 더불어 구약의 율법과 선지자의 강령에 순종하게 됩니다. 예배 행위의 우선은 하나님을 경외하면서(잠 1:7) 그분 앞에 엎드려 드리는 경배로서, 그것은 이웃을 섬기고 세상의 공적인 유익을 위한 봉사로 이어집니다. 우리는 예배를 통해 먼저 하나님의 영광이 빛나도록 자기를 쳐서 복종시키는 자기부정을 보여야 하며, 또한 하나님의 선하시고 기뻐하시고 온전한 뜻을 이웃을 섬기는 삶 속에서 나타내야 합니다(롬 12:1-2; 마 5:23-24; 약 1:26-27; 마 25:37-40).

45. 예배는 어떤 순서로 진행됩니까?

㉰ 예배는 하나님의 부르심에 대한 응답과 경배의 찬송, 신앙고백과 참회의 기도, 성경봉독과 말씀의 선포, 봉헌과 감사의 응답, 성찬성례전, 위탁의 말씀과 강복선언 곧 축도로 진행됩니다. 이러한 예배 요소들 중 하나인 기도의 모범은 예수 그리스도께서 가르쳐 주신 주기도문(마 6:9-13)입니다. 봉헌은 하나님께 바치는 감사의 제물로서 하나님의 뜻을 이룩하는 데 사용되어야 합니다. 예배는 하나님께 경배하고 순종함과 동시, 이웃을 사랑하며 하나님의 의가 실현되는 사회를 구현하는 것을 목적으로 합니다.

46. 예배에서 설교와 성찬은 어떤 위치를 갖습니까?

답 하나님의 말씀선포와 성찬예식은 예배의 중심입니다. 말씀 선포에서는 봉독한 성경말씀을 새롭게 선포하며 해석하고 회중들의 삶에 적용합니다. 성찬예식은 주님께서 제정하신 그 뜻대로 주님의 살과 보혈을 우리가 받아먹음으로 주님이 내 안에 거하시고 내가 주님 안에 거하게 되는 의미를 내포하고 있습니다. 성찬예식을 통해 성도는 몸으로 우리를 대속하신 십자가의 희생과 부활하신 예수 그리스도에게 접붙여 있음을 확신하게 되며(롬 11:17, 24), 몸 된 교회의 지체가 됨을 확인하게 됩니다(롬 12:5; 고전 12:27).

47. 성례는 무엇입니까?

답 성례는 예수 그리스도께서 제정하신 거룩한 예식으로서 세례 성례전과 성찬 성례전이 있습니다(마 26:26-28, 28:19; 눅 22:19-20). 신자들이 믿음으로 성례전에 참여함으로써, 그리스도의 새 언약의 은택이 그들에게 드러나게 되며 각인되고 적용됩니다. 성례의 효력은 집행하는 사람의 능력이나 뜻에 좌우되는 것이 아니며, 언약의 축복에 따른 성령님의 역사에 의거합니다(마 28:19).

48 세례는 무엇입니까?

답 세례는 십자가에 달리시고 부활하신 예수 그리스도께서 성취한 구원 역사를 믿음으로 받아들임으로써, 십자가와 함께 옛사람이 장사되고 부활과 함께 새 사람으로 일으켜져서, 우리가 부활하신 그리스도의 지체로 접붙여졌음을 나타내는 성례입니다(행 18:8; 롬 6:3-4; 갈 3:27; 골 2:12; 벧전 3:21). 세례는 성부와 성자와 성령의 이름으로 물을 사용하여 행해지는 성례(마 28:19; 행 8:36-38)로서, 물은 죄 씻음의 표징입니다(행 22:16). 세례 성례전은 세례받은 성도가 다른 성도들과 함께 그리스도의 몸 된 교회를 이루는 입교 예식이기도 합니다(고전 12:13; 엡 4:3-6).

49. 어떤 사람이 세례를 받을 수 있습니까?

답 예수님을 메시아와 하나님의 아들로 믿고 순종을 고백한 사람이 세례받을 수 있습니다(마 16:16). 그는 신앙공동체인 교회 안에 있는 사람이어야 하며, 세례 후에는 교회의 정식 회원으로 받아들여지게 됩니다. 또한 세례교인의 어린 자녀들도 부모의 신앙고백에 따라 유아세례를 받을 수 있습니다(창 17:7; 행 2:38-39, 16:32-33).

50. 세례의 공동체적 의미는 무엇입니까?

답 세례받아 그리스도의 지체가 된 성도는 성령님의 역사 속에서 다른 여러 지체들과 조화와 일치를 이루며 그리스도의 몸을 형성하여 교회를 이루게 됩니다(고전 12:12-13). 교회의 다양한 지체들은 성령님의 각종 은사를 받아 각기 맡은 역할과 기능을 수행함으로써, 교회는 자라고 성장하는 유기적 생명체가 됩니다(고전 12:14-27). 세례공동체인 교회는 마치 '겨자씨'처럼(마 13:31-32) 자라고 성장하며 또 '누룩'처럼(마 13:33) 확산되는데, 이를 통하여 정의와 평화와 생명의 하나님 나라가 교회뿐 아니라 세상 속에서 성취되고 성장합니다(마 6:10).

51. 성찬은 무엇입니까?

답 성찬은 예수 그리스도께서 제정하신 성례입니다. 성찬은 떡이나 빵과 포도주를 먹고 마심으로써, 신자가 그리스도의 살과 피에 참여함으로 서로 하나 되는 성례입니다. 떡과 포도주는 예수 그리스도의 살과 피의 표징으로서, 그가 세우신 새 언약에 따른 것입니다(막 14:22-25; 눅 22:19-20). 성찬식은 먼저 말씀이 육신이 되신 예수 그리스도를 기념하는 것으로, 사람이 떡으로만 사는 것이 아니요 하나님의 모든 말씀으로 사는 것임을 알게 하려는 것입니다(요 1:14, 6:35; 신 8:3; 마 4:4). 다음으로 성찬식은 죄 사함을 얻게 하기 위하여 예수 그리스도께서 흘리신 피를 기념하는 예식입니다(마 26:28; 렘 31:33-34; 히 10:17). 우리는 이 성찬을 통해 장차 하늘나라에서 있을 주님의 잔치를 미리 맛보는 즐거움을 갖게 되는 것입니다(눅 13:29, 22:30).

성찬 시 떡과 포도주는 그리스도의 살과 피로 변화되는 것이 아니며, 떡과 포도주에 그리스도의 살과 피가 실재하는 것도 아닙니다(요 6:53-57, 63). 부활하신 그리스도는 하나님의 보좌 우편에 계시며, 그리스도의 영인 성령님께서 성찬의 떡과 포도주에 임하실 뿐 아니라 성찬에 참여한 신자들의 마음속에 임하심으로, 그리스도께서 그 떡과 포도주에 실재하심과 똑같은 효력을 갖습니다. 우리는 성령님의 역사 속에서 믿음으로 성찬에 참여하여, 감사함으로 생명의 떡과 포도주를 받게 됩니다.

52. 성찬을 합당하게 받기 위하여 요구되는 것은 무엇입니까?

답 이와 같이 성찬식은 예수 그리스도의 살과 피에 대한 신앙고백으로서, 말씀에 순종하여 이웃을 사랑하고 용서함을 결단하는 믿음의 예식입니다. 이에 성찬을 합당하게 받기 위해서는 성찬 상에 주님의 살과 피가 성령님 안에서 임재하였는지를 분별하는 영적 지식이 필요하며(고전 10:21), 떡과 포도주를 먹고 마시는 동안 주님의 살과 피를 영적으로 체험하는 믿음이 요구됩니다(고전 11:27-32). 그리고 성찬 참여를 통하여 하나님 사랑과 이웃 사랑이 이전보다 더욱 깊고 넓어지면서 이웃과 하나님 나라를 위해 십자가를 지고 그리스도의 남은 고난에 동참하려는 행함이 있는 믿음의 결단이 요청됩니다. 성찬에서 우리는 성령임재 기도를 통해 부활하신 예수 그리스도의 메시아적 삶과 사역을 다시 기억하고 경험하게 됩니다(눅 22:19-20). 이를 인해 신자들은 그리스도의 구원 사역을 인간의 역사와 창조세계 속에서 재현하게 되는 것입니다(사 65:17-25; 계 21:5).

53. 성찬이 가지는 공동체적 의미는 무엇입니까?

답 성찬은 주님의 살과 피의 표징인 떡과 포도주를 함께 나눔으로써 그리스도의 희생을 기념하며, 성도들이 한 몸을 이루는 유기적 신앙공동체가 되고, 또한 이들이 하나님의 백성으로서 그리스도의 몸인 교회를 이룸을 확인하는 예식입니다(고전 11:18-22). 성찬은 영적 밥상공동체로서 식탁에 함께 둘러앉은 하나님의 백성 모두는 평등한 관계 속에서 떡과 포도주를 나누고 즐기게 됩니다(사 25:6; 계 22:17). 성찬 식탁에 놓인 떡과 포도주에는 하나님께서 베푸신 햇볕과 바람과 구름과 비와 눈 등이 스며있으며 농부의 땀과 수고도 함께 녹아져 있습니다. 성찬은 장차 올 하나님의 우주적 공동체를 미리 축하합니다(눅 22:30).

V. 주기도문에 대하여

54. 주기도문의 내용은 무엇입니까?

답 하늘에 계신 우리 아버지,

아버지의 이름을 거룩하게 하시며, 아버지의 나라가 오게 하시며, 아버지의 뜻이 하늘에서와 같이 땅에서도 이루어지게 하소서.
오늘 우리에게 일용할 양식을 주시고, 우리가 우리에게 잘못한 사람을 용서하여 준 것같이 우리 죄를 용서하여 주시고, 우리를 시험에 빠지지 않게 하시고, 악에서 구하소서.

나라와 권능과 영광이 영원히 아버지의 것입니다.
아멘(마 6:9-13).

55. 기도란 무엇입니까?

답 기도란 하나님과의 교통 곧 생명이신 하나님과 친밀한 관계를 갖고(시 63:1-8, 73:25-26; 눅 6:12; 요일 1:3; 계 3:20), 하나님의 위대하심과 선하심을 찬양하고(눅 2:28-32) 감사하며 그에게 순종하는 신앙 행위입니다. 기도는 하나님의 은혜와 자비에 근거해 하나님께 소원을 아뢰고, 충성과 헌신을 다짐하며(시 103편), 죄에 빠진 인간이 자신의 불순종을 인정하는 고백입니다(시 51편). 기도는 자비하신 아버지의 응답을 바라보는 기쁨의 시간으로 우리는 기도를 통해 인간과 세상과 역사를 주님의 뜻 안에서 변화시키게 됩니다. 기도는 우리 자신의 변화뿐 아니라 하나님 나라와 그의 의가 펼쳐질 온 세상의 정의와 평화와 창조의 보전을 위해 기원하며(롬 9:1-2, 10:1) 실천하는 행위입니다.

56. 주기도문의 전체적 구조에 대해 설명하십시오.

답 주기도문은 전체적으로 네 부분으로 나눌 수 있습니다. 하나님의 이름에 대한 부분, 당신 곧 '아버지'란 단어가 자주 나오는 2인칭 단수 부분, 그리고 '우리'라는 단어가 자주 나오는 1인칭 복수 부분(마 6:11-13)과 마지막 송영 부분입니다. 주기도문은 수직적으로는 하나님 나라와 그 뜻을, 수평적으로는 우리의 필요와 우리의 뜻을 찾는 두 부분으로 구성되어 있습니다.
주기도문의 주요 몸체는 두 번째와 세 번째의 단락인데, 이 두 단락들을 연결하는 위치에 "하늘에서와 같이 땅에서도"라는 부사구가 있습니다. 이 부사구는 두 번째 단락의 하늘을 향한 기도와 세 번째 단락의 땅을 향한 기도를 묶는 기능을 하면서, 하나님 사랑과 이웃 사랑을 연결합니다(마 22:36-40). 그리고 마지막

부분은 송영으로 하나님에 대한 찬양입니다(대상 29:11-12).

57. "하늘에 계신 우리 아버지"라는 기도의 부름이 의미하는 것은 무엇입니까?

답 이 간구는 '하늘에 계신,' '우리,' '아버지'의 세 가지 구성요소로 되어있습니다. 기도의 대상이 되시는 하나님께서는 하늘에 계심과 동시(시 57:5), 우리의 아버지가 되신 분입니다(롬 8:15; 고후 6:18). 우리 인간들을 초월하여 하늘에 계시며, 아버지로서 우리보다 우리 존재에 더 가까이 내재하여 계신 분이 하나님이십니다(엡 4:6). 또한 하나님께서는 '우리'의 아버지가 되십니다. 나만의 아버지가 아니라 나와 너의 아버지입니다. 그와 같이 우리라는 공동체로서의 교회를 통해서 신자는 하나님께 기도할 수 있게 됩니다(마 18:19-20). 교회는 만민이 기도하는 집입니다(막 11:17).

58. "아버지의 이름을 거룩하게 하시며"는 무엇을 의미합니까?

답 '거룩하게 하다'라는 말은 히브리어로 '구별하다'라는 뜻입니다(출 15:11). 이 기도는 하나님의 이름을 거룩히 구별하는 것, 무한하신 하나님을 유한한 존재들과 구별하는 것을 강조합니다. 하나님을 다른 것들과 구별하여 그분을 정확히 아는 것이 먼저입니다. 삼위일체 하나님의 이름을 거룩하게 하며 그에게 영광을 돌리는 것이 우리 성도들의 우선적 책무입니다(왕상 8:11; 시 8:1).

59. "아버지의 나라가 오게 하시며"는 무엇을 의미합니까?

답 하나님의 나라를 이 땅 위에 성취하는 것에 대한 기도입니다. 예수 그리스도 사역의 동기와 중심 목적은 모두 하나님 나라에 있었습니다. 요단강에서 세례를 받으시며 메시아 직분을 수여받으신 후, 예수 그리스도께서는 "때가 찼고 하나님의 나라가 가까이 왔으니 회개하고 복음을 믿으라 하시더라"(막 1:15)라고 선포하셨습니다. 이 말씀과 같이 하나님의 나라는 그의 모든 말씀과 행동의 대전제였습니다. 이에 우리의 기도는 하나님 나라의 도래와 하나님 나라의 확장을 간구하는 것이 되어야 합니다(눅 4:43).

60. "아버지의 뜻이 하늘에서와 같이 땅에서도 이루어지게 하소서."는 무엇을

의미합니까?

답 주님의 말씀에 순종함으로 주님의 거룩한 뜻을 이 땅 위에 성취하고자 하는 성도들의 간구입니다(마 6:33). 주님의 말씀을 준행함으로 자기 스스로 복을 누릴 뿐 아니라, 세상 모든 사람들에게 복을 전달하는 통로가 되는 것이 우리를 향한 하나님의 뜻입니다(창 12:1-3, 22:17-18).

61. "오늘 우리에게 일용할 양식을 주시고"는 무엇을 의미합니까?

답 일용할 양식을 주되 '우리'에게 달라고 기도자는 간구합니다. '나의' 양식만이 아니라 '우리' 모두의 양식이 관심입니다(요 6:9-13). 우리는 양식뿐 아니라 우리의 모든 것들을 이웃과 나누는 마음으로 살아야 합니다(마 19:21). 자원을 아껴 쓰며 정의로운 사회를 만들기 위해 노력하고 나눔을 실천하여야 합니다.

62. "우리가 우리에게 잘못한 사람을 용서하여 준 것같이 우리 죄를 용서하여 주시고"는 무엇을 의미합니까?

답 이 간구에서도 '나의' 죄뿐만 아니라 '우리' 모두의 죄가 강조됩니다(요일 1:9). 예수 그리스도께서는 자신의 죄 때문에 십자가에 달리신 것이 아닙니다(눅 23:47; 롬 5:8). 그는 인류의 죄 곧 우리의 죄를 대신 지시고 십자가에 달리셨습니다(히 7:26-28). 남의 허물을 함께 지는 데에서 하나님의 구원과 용서의 빛이 비춰집니다(눅 23:34; 요 1:29; 고후 2:10).

63. "우리를 시험에 빠지지 않게 하시고, 악에서 구하소서."는 무엇을 의미합니까?

답 시험에 들면 죄와 악을 행하게 되며, 그러한 죄는 결국 우리를 불행으로 인도합니다(약 1:15). 이 간구는 나를 죄와 파멸로부터 건져달라고 언급함과 동시에 '우리' 모두를 건져달라고 기도합니다(마 7:7). 우리는 보통 나만 불행에서 피하면 된다는 생각을 할 때가 많습니다. 그러나 나의 행복만큼 남의 행복도 중요합니다. 이 간구는 나를 포함한 우리 모두를 죄와 파멸과 사탄의 권세로부터 구해달라는 기도입니다.

64. "나라와 권능과 영광이 영원히 아버지의 것입니다."는 무엇을 의미합니까?

답 주기도문의 후렴으로서 송영 부분입니다(대상 29:11-12). 하늘에서 출발하여 땅으로 내려왔던 간구는 다시 하늘에 이르러 마무리됩니다. 그것은 하나의 거대한 순환입니다. 땅의 물이 햇빛을 받아 하늘로 올라 구름이 되며 다시 그 구름이 땅을 적시는 비가 되듯, 우리의 기독교 영성은 하나의 순환구조로 되어 있습니다. 그와 같이 하나님 사랑과 이웃 사랑은 동전의 양면과 같은 것으로 서로 순환적입니다. 하늘의 하나님의 영광이 이 창조세계를 적시며, 다시 그 영광이 하늘로 올려지게 됩니다(요 14:13; 시 115:1). 그 하나님께서는 영광을 받으실 우리의 영원한 통치자이십니다.

65. "아멘"은 무엇을 의미합니까?

답 '아멘'은 아람어로서 '진실로' 또는 '그렇게 될지어다'라는 뜻의 감탄사입니다. 유대인들은 회당에서 예배 드리며, 기도 인도자나 찬양대가 "하나님은 복되시다."라고 말하면 회중들은 "아멘."으로 화답하였습니다(대상 16:36; 느 8:6). 오늘날 우리는 "예수님의 이름으로 기도합니다."라는 말로 기도를 마치며, 이 말 뒤에 모두가 함께 "아멘."으로 화답합니다(고후 1:20). 중보자 되시는 예수 그리스도로 말미암아 우리는 하나님께 기도를 드릴 수 있습니다(딤전 2:5). 예수 그리스도께서는 하나님의 말씀으로서 우리의 '아멘'이 되시는 분이시기 때문입니다(계 3:14).

66. 마지막으로 우리는 하나님의 나라와 그의 의를 이 땅 위에 실현하기 위하여 무엇을 해야 합니까?

답 마태복음 6장 31절과 33절은 다음과 같이 언급합니다. "그러므로 염려하여 이르기를 무엇을 먹을까 무엇을 마실까 무엇을 입을까 하지 말라…… 너희는 먼저 그의 나라와 그의 의를 구하라 그리하면 이 모든 것을 너희에게 더하시리라" 세계와 인류를 위해 그리고 온 생태계를 포함한 우주와 하나님의 영광, 곧 그의 나라와 그의 의를 위해 일할 때, 주님께서는 우리에게 필요한 모든 것을 주시리라 믿습니다. 성경은 개인적인 간구를 금하지 않습니다. 다만 '먼저', 곧 첫 번째로 하나님의 나라와 그의 의를 구하라고 합니다. 우리가 이웃을 위해 기도하므로 우리 개인의 모든 문제들도 하나님 앞에서 해결되리라 믿습니다. 이웃을 사랑하여 그들에게 복음을 전하며 하나님 나라의 구현을 위해 일할 때 하나님께서는 기뻐하십니다.

VI. 교회의 선교에 대하여

67. 교회의 선교란 무엇입니까?

답 선교는 하나님으로부터 특별한 사명을 위해 부르심을 입은 사람들이 이 세상으로 보내심을 받는 것을 뜻합니다(요 20:21; 행 1:8). 선교는 '복음 전도'와 '하나님 나라의 구현'을 목적으로 하는 것으로(마 9:35; 막 1:15), 믿지 않는 사람들에게 복음을 전하여 그들의 영혼을 구원할 뿐 아니라, 이 세상의 모든 인간과 피조물들을 하나님과 화해케 하며(골 1:15-20), 정의와 평화와 창조보전을 이 세상 속에 구현하는 것을 목적으로 합니다(사 11:1-9, 52:7, 시 85:9-10).

68. 복음전도와 하나님 나라 구현의 관계는 무엇입니까?

답 기독교의 선교는 복음 선포로서 전도를 중심으로 하며, 사회봉사, 양육, 교제 등을 포괄합니다(마 9:35). 이와 같이 선교가 전도보다 더 넓은 개념이긴 하지만 서로 이분화되어선 안 됩니다. 개인 구원은 그 개인이 처한 사회적 환경과 분리될 수 없으므로 기독교는 그 구원의 내용 속에 개인 영혼의 구원과 함께(롬 5:5-11) 하나님의 나라를 이 땅 위에 구현하는 것을 포괄하고 있습니다(요삼 1:2; 눅 4:43). 복음전도를 통해 믿고 회개하여 세례를 받은 사람들은, 주님의 복음을 전파함과 동시에 온 세상을 아름답게 변화시킬 선교의 책임을 갖습니다.

69. 교회의 선교가 성령님의 사역이란 말의 의미는 무엇입니까?

답 예수 그리스도께서는 부활하신 후 제자들에게 오셔서 숨을 내쉬며 성령을 받으라고 하시면서, 아버지께서 그를 보내신 것 같이 그도 제자들을 보내심을 말씀하셨습니다(요 20:21-23). 이 말씀은 그리스도께서 신자들을 보내시는 선교의 일에 성령님의 역사가 중요함을 언급합니다. 또한 사도행전 1장 8절의 말씀은 "오직 성령이 너희에게 임하시면 너희가 권능을 받고 예루살렘과 온 유대와 사마리아와 땅끝까지 이르러 내 증인이 되리라"라고 말합니다. 이 말씀 또한 선교에 있어 성령님의 역사를 강조하는 말씀으로, 우리는 사도행전에서 사도들의 선교 사역에 함께 하셨던 성령님을 확인하게 됩니다(행 2:4, 4:8-9, 4:31, 8:17, 8:29, 10:19, 10:44, 11:12, 13:2, 16:6).

70. 증인으로서 선교자의 사명이란 무엇입니까?

㉰ 선교의 주체는 교회가 아니며 하나님이십니다(요 20:21; 사 43:11). 온 세상에 구원과 샬롬을 성취하시는 분은 하나님으로서(사 9:6), 선교자는 역사와 창조세계 안에서 하나님 나라를 구현하시는 삼위일체 하나님의 선교를 증거할 뿐입니다(사 43:10, 44:1-2). 내가 앞서 일하는 것이 아니라 그리스도께서 일하시게 함으로써(갈 2:20), 우리는 하나님의 선교에 동참하게 됩니다.

개정판

세례문답집

초판발행 2023년 12월 8일
3쇄발행 2025년 4월 2일

편 집 인 대한예수교장로회총회교육훈련처
총무 전호영
주 소 03128 / 서울시 종로구 대학로3길 29(연지동, 총회창립100주년기념관 7층)
전 화 (02) 741-4356 / 팩스 741-3477
홈페이지 www.edupck.net

펴 낸 이 강성훈
펴 낸 곳 한국장로교출판사
주 소 03128 / 서울시 종로구 대학로3길 29(연지동, 총회창립100주년기념관 4층)
편 집 국 (02) 741-4381 / 팩스 741-7886
영 업 국 (031) 944-4340 / 팩스 944-2623
홈페이지 www.pckbook.co.kr
등 록 No. 1-84(1951. 8. 3.)

ISBN 978-89-398-4491-9
값 5,500원

개정판

세례문답집